陳布雷從政日記

（1942）

The Official Diaries of Chen Pu-lei, 1942

民國日記｜總序

呂芳上

民國歷史文化學社社長

　　人是歷史的主體，人性是歷史的內涵。「人事有代謝，往來成古今」（孟浩然），瞭解活生生的「人」，才較能掌握歷史的真相；愈是貼近「人性」的思考，才愈能體會歷史的本質。近代歷史的特色之一是資料閎富而駁雜，由當事人主導、製作而形成的資料，以自傳、回憶錄、口述訪問及日記最為重要，其中日記的完成最即時，描述較能顯現內在的幽微，最受史家重視。

　　日記本是個人記述每天所見聞、所感思、所作為有選擇的紀錄，雖不必能反映史事整體或各個部分的所有細節，但可以掌握史實發展的一定脈絡。尤其個人日記一方面透露個人單獨親歷之事，補足歷史原貌的闕漏；一方面個人隨時勢變化呈現出不同的心路歷程，對同一史事發為不同的看法和感受，往往會豐富了歷史內容。

　　中國從宋代以後，開始有更多的讀書人有寫日記的習慣，到近代更是蔚然成風，於是利用日記史料作歷史

研究成了近代史學的一大特色。本來不同的史料，各有
不同的性質，日記記述形式不一，有的像流水帳，有的
生動引人。日記的共同主要特質是自我（self）與私密
（privacy），史家是史事的「局外人」，不只注意史實的
追尋，更有興趣瞭解歷史如何被體驗和講述，這時對「局
內人」所思、所行的掌握和體會，日記便成了十分關鍵的
材料。傾聽歷史的聲音，重要的是能聽到「原音」，而非
「變音」，日記應屬原音，故價值高。1970 年代，在後
現代理論影響下，檢驗史料的潛在偏見，成為時尚。論者
以為即使親筆日記、函札，亦不必全屬真實。實者，日記
記錄可能有偏差，一來自時代政治與社會的制約和氛圍，
有清一代文網太密，使讀書人有口難言，或心中自我約束
太過。顏李學派李塨死前日記每月後書寫「小心翼翼，俱
以終始」八字，心所謂為危，這樣的日記記錄，難暢所欲
言，可以想見。二來自人性的弱點，除了「記主」可能自
我「美化拔高」之外，主觀、偏私、急功好利、現實等，
有意無心的記述或失實、或迴避，例如「胡適日記」於關
鍵時刻，不無避實就虛，語焉不詳之處；「閻錫山日記」
滿口禮義道德，使用價值略幾近於零，難免令人失望。三
來自旁人過度用心的整理、剪裁、甚至「消音」，如「陳
誠日記」、「胡宗南日記」，均不免有斧鑿痕跡，不論立
意多麼良善，都會是史學研究上難以彌補的損失。史料之
於歷史研究，一如「盡信書不如無書」的話語，對證、勘
比是個基本功。或謂使用材料多方查證，有如老吏斷獄、

法官斷案，取證求其多，追根究柢求其細，庶幾還原案貌，以證據下法理註腳，盡力讓歷史真相水落可石出。是故不同史料對同一史事，記述會有異同，同者互證，異者互勘，於是能逼近史實。而勘比、互證之中，以日記比證日記，或以他人日記，證人物所思所行，亦不失為一良法。

從日記的內容、特質看，研究日記的學者鄒振環，曾將日記概分為記事備忘、工作、學術考據、宗教人生、游歷探險、使行、志感抒情、文藝、戰難、科學、家庭婦女、學生、囚亡、外人在華日記等十四種。事實上，多半的日記是複合型的，柳貽徵說：「國史有日歷，私家有日記，一也。日歷詳一國之事，舉其大而略其細；日記則洪纖必包，無定格，而一身、一家、一地、一國之真史具焉，讀之視日歷有味，且有補於史學。」近代人物如胡適、吳宓、顧頡剛的大部頭日記，大約可被歸為「學人日記」，余英時翻讀《顧頡剛日記》後說，藉日記以窺測顧的內心世界，發現其事業心竟在求知慾上，1930 年代後，顧更接近的是流轉於學、政、商三界的「社會活動家」，在謹厚恂恂君子後邊，還擁有激盪以至浪漫的情感世界。於是活生生多面向的人，因此呈現出來，日記的作用可見。

晚清民國，相對於昔時，是日記留存、出版較多的時期，這可能與識字率提升、媒體、出版事業發達相關。過去日記的面世，撰著人多半是時代舞台上的要角，他們

的言行、舉動,動見觀瞻,當然不容小覷。但,相對的芸芸眾生,識字或不識字的「小人物」們,在正史中往往是無名英雄,甚至於是「失蹤者」,他們如何參與近代國家的構建,如何共同締造新社會,不應該被埋沒、被忽略。近代中國中西交會、內外戰事頻仍,傳統走向現代,社會矛盾叢生,如何豐富歷史內涵,需要傾聽社會各階層的「原聲」來補足,更寬闊的歷史視野,需要眾人的紀錄來拓展。開放檔案,公布公家、私人資料,這是近代史學界的迫切期待,也是「民國歷史文化學社」大力倡議出版日記叢書的緣由。

導言

劉維開
國立政治大學歷史學系教授

一

　　陳布雷（1890年11月15日－1948年11月13日），
浙江慈谿人，原名訓恩，字彥及，筆名布雷、畏壘。早年
為記者，之後從政，歷任國民政府軍事委員會侍從室第二
處主任、國防最高委員會副秘書長、中國國民黨中央政治
委員會秘書長等職，是蔣中正在大陸時期最倚重的幕僚，
信任之專，難有相比者。從政日記，開始於1935年3月1
日，終止於1948年11月11日逝世前夕，前後十三年又八
個月。事實上，在此之前亦有日記，1935年10月12日，
陳氏曾「整理舊篋，得民國十一年之舊日記三冊，重讀一
過，頗多可回味之處。」然這部份的日記至今並未得見，
僅能於其《回憶錄》了解一二。

二

　　關於《陳布雷從政日記》的流傳經過，陳氏八弟陳
叔同應《傳記文學》社長劉紹唐之邀，撰〈關於陳布雷

日記及其他〉（《傳記文學》第55卷第5期，1989年11
月）一文說明。根據陳叔同的記述，陳布雷逝世後，家屬
曾將其於1936年及1940年所撰寫之《回憶錄》，即出生
至五十歲止之求學與工作經歷，以原始親筆墨蹟於1949
年初出版。「不久時局危殆，政府各機關紛紛撤離大陸，
正當上海行將淪陷之際，又匆匆將布雷先生自民國二十四
年一月起至三十七年十一月十二日其逝世前夕止的親筆日
記，全部以拍照縮製卅五米厘微膠卷，裝置小盒，由大陸
帶出，分藏於美、臺各家人手中；而日記原稿數十冊，仍
留置上海無法運走。」「日記原稿，為毛筆字書寫之十行
紙簿本，整十三年之日記，多達數十冊，約五百七十萬
字。經製作微膠卷，重僅三百公克，雖當時製作微膠卷技
術，遠不如今日，但能安全攜出布雷先生日記於自由地
區，實為一大幸事。」日記膠卷攜出後，陳氏家屬一直未
作任何處理，至1961年間，臺北方面家屬考慮日記閱讀
方便，並能妥善保存，認為似宜設法排印，乃先將每一膠
片沖印為5乘7英吋照片，達可直接目視閱讀之程度，以
利排版，復由陳布雷六弟陳訓悆於《香港時報》社長任
內，在香港排印三十部，每部五冊。

　　陳布雷日記之排印本，起自1935年3月1日。先是陳
氏於1934年5月受蔣中正延攬，任軍事委員會委員長南昌
行營設計委員會主任。1935年2月，蔣氏修改侍從室組
織，分設一、二兩處，以陳氏為侍從室第二處主任兼第五
組組長。3月1日，軍事委員會委員長武昌行營成立，陳

氏參加成立典禮，並於是日起始為日記，謂：「自三月起
始為日記，自是日日為之，未嘗中輟焉」。日記結束於
1948 年 11 月 11 日，為逝世前二日，時任中國國民黨中央
政治委員會秘書長。因日記所涉時間，為陳氏從事政務階
段，家屬乃將其題名為「陳布雷先生從政日記」。復以
「布雷先生從事黨政工作數十年，雖無顯赫官位，但大部
時間，均為輔佐決策當局，暨任總裁文字之役，其內容多
涉當時決策及中樞官員，我家人亦深知布雷先生日記之發
表殊非所宜」（陳叔同文），因此於題名加「稿樣」兩
字，為「陳布雷先生從政日記稿樣」，表示僅為樣書並非
正式出版品，由居住在大陸以外地區之家屬各自保存，作
為紀念。2016 年 1 月，美國史丹福大學胡佛檔案館宣布由
陳布雷侄兒陳迪捐贈的陳布雷日記將完整對外公開。陳迪
為陳訓悆長子，因陳布雷日記原件目前藏在南京的中國第
二歷史檔案館，該日記應為當年排印《陳布雷先生從政日
記稿樣》之依據。

三

《陳布雷先生從政日記稿樣》完成後，並未對外界
透露，僅由陳訓悆檢送一套呈報蔣中正鑒核。至1988 年
2 月，南京中國第二歷史檔案館出版的《民國檔案》刊登
〈陳布雷日記選－1936 年 1 月－2 月〉，首度揭露陳布雷
有日記存世。次（1989）年底，臺北《傳記文學》轉載

〈陳布雷日記選－1936年1月－2月〉，同時發表前述陳
叔同撰寫之〈關於陳布雷日記及其他〉一文，外界始知除
日記外，尚有日記排印本由家屬保管。

　　對於《民國檔案》及《傳記文學》刊登陳氏日記一
事，陳叔同於該文中表示「時至今日，此一四十年前涉及
政務黨務之私人日記，早因時移世遷，當事人十九亡故，
再無密而不宣之必要」，但為避免日記出現刪節或斷章取
義等問題，「亟願布雷先生日記持有人，能儘早主動予以
公開發表，以減少其被竄改與造謠欺世之機會」。《傳記
文學》社長劉紹唐亦於該文文末「編者按」中，表示：
「本刊正試洽此一日記稿本交由本刊連載之可能性」，然
似乎未有結果。2002年9月，陳氏長孫陳師孟出任總統府
秘書長後，將《陳布雷先生從政日記稿樣》全套五冊捐贈
國史館典藏，並同意提供研究者參閱。此後，陳布雷日
記排印本正式對外公開，研究者得以參閱，撰寫相關主
題。其中東海大學歷史研究所沈建億在呂芳上教授指導
下，完成碩士論文《蔣介石的幕僚長：陳布雷與民國政治
（1927-1948）》，為日記公開後，第一篇以陳布雷為主
題進行研究之學術論文，內容嚴謹，頗受外界好評。

　　留置在上海之陳布雷日記原稿，據復旦大學歷史文
獻學博士鞠北平在其學位論文《陳布雷文獻資料研究──
從議政到從政》中敘述，文化大革命時被抄家抄走，後來
輾轉流傳到了上海市檔案館。文化大革命結束後，上海市
檔案館將日記歸還家屬，家屬復將日記原件捐獻南京中

國第二歷史檔案館。該館於1988年在《民國檔案》第一
期上，選刊1936年1至2月日記的內容，之後未再繼續，
原件迄今未對外公開。目前大陸方面有兩個日記版本曾
經為研究者運用。一是由陳布雷二子陳過保存之《畏壘室
日記》影印件，該件據《陳布雷大傳》作者王泰棟轉述陳
過說明，乃因日記原稿委託中國歷史第二檔案館保管，該
館依例複印三套給家屬，此為其中一套，共二十九本，自
1935年2月至1948年11月11日，缺1941年上半年一本。
王泰棟撰寫《陳布雷大傳》、《陳布雷日記解讀——找尋
真實的陳布雷》及寧波大學戴光中撰〈從陳布雷日記看其
晚年心態〉等，乃依照此版本。一是上海市檔案館之抄寫
本，該館將日記原稿歸還陳布雷家屬時，曾經留下了複印
本，爾後由複印本衍生出抄寫本。鞠北平撰寫博士論文時
所參考陳氏日記，即是其導師、上海市檔案館研究館員
馮紹霆提供的抄寫本。抄寫本的內容從1935年3月1日到
1948年6月30日，缺少最後四個半月。

四

　　日記是研究歷史人物的重要素材，不僅可以研究傳
主一生經歷與思想，同時也可以研究與其相關人物之生平
與思想。陳布雷日記每日以敘事性方式記錄，自起床至就
寢，整日的工作情況，時間、地點、人物相當明確，內容
包括處理公務、會客、出訪、談話等，簡要翔實，1935

年、1936 年日記並有摘錄各方呈送報告內容，實際上就
是他的工作日誌。1935 年，陳氏曾隨蔣氏至四川、貴
州、雲南等地巡視，對於地方政情及風俗民情多有記錄，
可作為抗戰前中央對於西南地區理解之參考。

　　陳氏亦於日記中記錄其自我檢討或對人事之個人意
見，為理解其心態之重要參考。如1935 年7 月27 日，陳
氏以長篇文字反省其短處，列出八項缺點，以及四項「急
救之道」與應學習對象，曰：「今晨澈底自省余之短處，
不一而足，憤世太深而不能逃世，此一病也。自待甚高，
而自修不足，此二病也。既否定自身之能力，而求全好勝
名心未除此三病也。憤激之餘，流於冷漠，對人對己均提
不起熱情，甚至事務頹弛，酬應都廢，而託於淡泊以自解
此四病也。對舊友新交，親疏冷暖，往往過當，有時興酣
耳熱，則作交淺言深之箴規，無益於人，徒滋背憎此五病
也。對於後進祇知獎掖，不知訓練，又不知保持分際之重
要，對於部屬，祇知涉以情感，不知繩以紀律，此六病
也。對於公務，不知迅速處理，又不能適當支配，遲迴審
顧，遂多擱置，此七病也。手頭事務不能隨到輒了，而心
頭時常牽憶不已，徒擾神思，益減興趣，此八病也。受病
已深，袪之不易。但既不能逃世長往，則悠悠忽忽，如何
其可。急救之道宜從簡易入手。一、戒遲眠；二、戒多
言；三、勿求全；四、勿擱置太久。（五日一檢查）其在
積極方面：安詳豁達，宜學幾分大哥之長處；熱情周至，
宜學幾分四弟之長處；處事有條理宜學幾分黎叔之長處；

交友處世，不脫不黏，宜學幾分佛海之長處；循此行之，
庶寡尤悔乎。」在1935年11月中國國民黨五全大會之
後，陳氏深感體力心力交疲，兼以黨政機構改組以後，人
事接洽，甚感紛紜，乃向蔣氏請准病假一月，杭州養病。
在此期間，陳氏對於自身精神狀況多有檢討，如12月20
日記道：「自念數年來所更歷之事，對余之志趣無一脗
合、表面上雖強自支持，而實際無一事發於自己之志願。
牽於情感，俯仰因人。既不能逃世長往，又不能自伸己
意。至于體認事理，則不肯含胡，對於責任又過分重視。
體弱志強心羸力絀。積種種矛盾痛苦之煎迫，自民十六年
至今，煩紆抑鬱，無日而舒，瀕於狂者屢矣。每念人生唯
狂易之疾為最不幸，故常於疾發之際，強自克制，俾心性
得以調和。亦賴友朋相諒，遇繁憂錯亂之時，往往許以休
息，然內心痛苦，則與日俱深。頗思就所經歷摹寫心理變
遷之階段，詳其曲折，敘其因由，名曰『將狂』，作雜感
式之紀述，或亦足供研究心理變態者之參考也。」

　　陳布雷交遊甚廣，在日記中留下了大量的交往記
錄，大體而言，可以分為幾個部分：家人、早年就讀浙江
高等學校的同學、任教寧波效實中學之同事、新聞圈友
人、侍從室同僚、中央及地方黨政人士等，其中尤以最後
兩部分在日記所佔分量最多，有時亦會記下對人的品評或
個人感想，頗具參考價值。如1936年10月26日，聞湖北
省政府主席楊永泰於前一日在漢口碼頭遇刺身亡，記道：
「暢卿為人自負太高，言論行動易開罪於人，一般對之毀

譽不一，然其負責之勇，任事之勤，求之近日從政人員中
亦不可多得。竟死非命，至足惜也。」陳氏與楊永泰共事
頗久，此段評論，當為近身觀察所得，可為理解楊氏行事
之參考。再如1936年12月7日，陳氏閱報知黃郛因肝癌
病逝，記道：「黃氏智慮周敏，富於肆應之才，然兩次當
外交之衝，均蒙惡名以去，病中鬱鬱，聞頗不能自解，竟
以隕身，亦時代之犧牲者。」此段記述對於理解黃郛，乃
至黃氏與蔣中正關係之變化，提供了若干訊息。

　　另一方面，陳氏作為蔣中正之重要幕僚，除代擬文
稿、參與會議外，日常與蔣氏接觸頻繁，亦常奉指示，就
重要決策徵詢黨政相關人士意見，這些過程往往記錄於日
記，提供理解蔣氏之側面資料。如1936年5月，陳氏隨侍
蔣氏自廬山返京，於九江搭艦至蕪湖，途中與蔣氏作三十
分鐘之談話，詳述其對於國事之觀察及自身心理煩悶之由
來，蔣氏勸其注意身體，以和而不同為立身之準則，記
道：「委員長謂：種種消極悲觀，多由身體衰弱而起，宜
節勞攝生，對人對事則仍須保持獨立之見解，以和而不同
為立身之準則可耳。」（5月4日）是年9月，成都事件、
北海事件相繼發生，中、日兩國緊張情勢升高，蔣氏時在
廣州，各方催促其返回南京之電報不斷，陳氏於23日記
道：「行政院各部會長昨聯電促委員長歸京，今日孔副院
長亦來電請歸京主持，均奉批『閱』字，但對余言：此間
事畢，則歸京耳。」復記：「晚餐畢，委員長來侍從室，
命予同往散步。旋至官邸，侍談甚久。見委員長從容鎮

定，對國內政治等仍從容處理。略談外交形勢，亦不如京中諸人之憂急無措，但微窺其意，當亦以大計無可諮商為苦。」再如1948年4月，中國國民黨六屆臨時中全會堅持欲推蔣中正為行憲第一任總統候選人，與蔣氏原意不合，6日晚，蔣氏與陳談話一小時餘，談話內容如何，不得而知，但陳氏於次（7）日日記記錄對蔣談話之感想，曰：「追繹委座昨日之談話，知其對中樞散漫情形甚關懷念，然積習相沿，遺因已久，蓋在第四次代表大會時始矣。今日欲圖補救，確非重振綱紀不可。此決非另起爐灶之謂，實應痛下決心，由中樞諸人衷心懺悔，改革制度，改革作風，刷新人事，多用少壯幹部。而任用幹部，則以公誠與能力為第一標準，如此一新耳目，庶克有濟。今日領袖不能再客氣姑息，黨員不能再諉過塞責了事，非一新耳目，不足以使本黨存在，以號召國人。然環顧黨中能自反自訟者寥若晨星，新幹部亦未作適當之培養，念之殊為憂心悄悄也。」4月12日，蔣氏主持總理紀念週講話，內容關係黨紀黨德及對部分國大代表主張修憲之意見，次日《中央日報》僅有六行的篇幅報導。陳氏則於日記記錄蔣講話重點：「注重黨德，遵守黨紀，決不可以私害公，亦不可對外自損黨的信譽。現值非常時期，應知國恥重疊，國難嚴重，切不可議論紛紜，使大會曠日持久，遷延時日。要知拖延大會日期，使吾人不能專心努力於戡亂，正為共產黨所求之不得者。至於憲法未始不可修改，然此次以不修改為宜，即或顧及戡亂時期之臨時需要，亦應以其他方法求

變通之道。關於擴大國民大會職權及設置常設委員會，萬
不可行。至戡亂完畢時，自可召集第二次大會。」對於探
討蔣氏之心態，具有相當參考價值。

　　陳氏於1948年11月13日去世，1948年為其最後一
年日記，而該年亦是中華民國實施憲政的第一年。行憲伊
始，對於政府而言，各種問題，紛至沓來，陳氏周旋其
間，精神負擔沉重，對黨內諸多現象，憂心不已，於日記
中多有反映，深感「黨內情形複雜，黨紀鬆弛，人自為
謀，不相統屬」，（5月5日）藉由其日記所記，不僅可
以揣度陳氏在這一年之心境轉折，亦可知除軍事之外，
政府與蔣中正在政治上所面臨的困境，對於1949年大變
局，能有更深一層的理解。

　　《陳布雷先生從政日記稿樣》自史政機構對外公開
後，數十年來已廣為學者參閱，相關研究著作陸續出現。
然《陳布雷先生從政日記稿樣》原意並非提供研究之用，
閱讀上仍有不便。今民國歷史文化學社以該書為基礎，重
予校對排印，公開出版，以期為民國史研究者提供重要參
考資料。此不僅對國民政府、軍委會內部運作之研究、對
蔣中正研究，以及民國史相關研究，均具重要意義。對陳
布雷個人，其文字造詣深，忠勤任事，而生活淡泊，日記
記事更給予後人諸多啟示。

編輯凡例

一、本套日記為原東南印務出版社編印，但最終並未
　　發行之《陳布雷先生從政日記稿樣》，自1935年
　　3月1日起，至1948年11月11日止。

二、本套日記依原東南印務出版社編印之版本，重新
　　以橫式排版，與原書排版方式不盡相同。

三、古字、罕用字、簡字、通同字，在不影響文意
　　下，改以現行字標示；原手民誤植之處則直接修
　　正，恕不一一標注。

四、部分內容為便利閱讀，特製成表格，並將中文數
　　字改為阿拉伯數字。

目　錄

民國 31 年

1 月 1 日　星期四　陰晴　五十度

　　七時卅分起。天色陰沉中略見陽光。八時到堯盧，舉行本室國民月會及團拜典禮，到者特別踴躍，第三處同人到者八人，與貴嚴、果夫兩主任略談後即舉行典禮。由貴嚴主任主席並訓詞畢，率組長以上到官邸賀年。旋至貴嚴處敍談。九時到國府參加紀念典禮，並舉行團拜及遙拜國父陵寢之典禮。今日到中央委員八十人以上，簡任官以上到者亦近百人。文武分列，雍容肅穆，恭聆林主席訓詞，氣象較卅年元旦尤為振奮。典禮畢，由前線將士慰勞總團長向統帥獻致敬書，文字極佳（葉楚傖先生所作）。統帥接受後，命余攜回官邸，旋即歸寓。芷町及唯果夫婦來賀歲。十一時到官邸謁委員長，行禮畢，並報告數事。旋奉命至交通銀行訪友，未遇，留刺而歸，即偕九妹、細兒等回老鷹岩。今日為陰曆十一月十五日（余之生辰），並預祝允默五十生辰（一月廿六日），特在山寓備肴湯糰集家人作一日之歌。肴饌係四弟、望弟所備，到四弟、七弟、二兒、三兒及實之、積祚等十六人，歡敍至四時始散。王子壯、子弦、啓江、汪荻浪先後來賀歲，余飲白蘭地二杯餘，酣睡至七時始起。精神愉快。八時略進稀飯，集家人歡聚一堂，並聽廣播。以終年勞碌，今日完全休息。十時即就寢。

1月2日　星期五　陰　五十度

　　八時卅分起。盥洗畢，閱昨日各報。顧夫人來談香港失陷時情形。十時卅分與九妹、細兒同車返渝寓。閱昨日來賓名冊凡三十六人，皆為賀歲而來，惜均不及接待也。補記昨日日記，一時午餐，餐畢小睡起，與四弟談業務。閱參考消息，知長沙戰事不利。傍晚唯果來，傅、錢兩次長來，談外交部事，以報告二件囑唯轉呈。晚餐畢，閱六組呈件十六件，與芷町商酌處理四組文件十二件。整理書桌，檢存信札，與望弟、九妹談話，一時就寢。

1月3日　星期六　陰　五十度

　　七時卅分起。晏眠早醒，皆因失眠之患日深故也。閱報及參考消息後，周惺甫部長來談甚久。客去後，以精神不能集中，擬作修改文字工作而中輟焉。約四弟來談本年業務，囑其於撰述方面多多用心。午餐後天時甚寒，小睡又不能熟，蓋心中不寬閒，接洽雜物太多也。彭君殿偕卜道明處長來訪。傍晚吳國楨市長來談市政之困難。今日中、美、英、蘇、荷等二十六國共同宣言發表後，七時毓麟來報告此事，為研究新聞稿而修改之，並以電話達委員長。七時卅分約由辛來談，擬約其來本室工作。燈下閱六組批表、呈件卅餘件，處理四組件十四件。與九妹、細兒談。十二時就寢。

1月4日　星期日　陰　五十度

八時起。昨晚睡眠較佳。九時送九妹及細兒回校，即以車接允默，挈明、樂兩兒來渝寓。泉兒在北碚，遲遲不來，甚念之也。處理公私函札十緘，閱外交電十二件。華盛頓廣播，蔣委員長任中國泰越區盟軍總司令職務。自茲我戰爭任務益重大矣。午餐後遣明、樂歸校，臨行對樂兒切實訓誡之。許君武君來談，旋董顯光君來談宣傳事。閱六組件十二件，處理四組文件十二件（費時三小時），轉發手令七件。沈祖杖世兄來談，今晚精神不甚佳，與七弟略談，十二時就寢。

1月5日　星期一　陰　五十一度

八時起。寫寄遠兒一函，九時赴國府，出席紀念週。林主席領導行禮，總裁演講今年度工作要點，並宣布去年行政施政成績，又報告長沙克敵經過，十時卅分始畢。接續舉行監院、考院副院長等就職典禮，十一時禮成歸寓。俞、顧兩次長面交金融合作辦法建議一件，閱畢轉呈之。與默談家事、整理衣物。午餐後小睡至二時即起。蕭同茲來訪，又李超英來訪。余今日精神仍不佳，酬對極勉強也。傍晚接委員長電話，指示豫、魯省府改組事。八時仿沈成章於特園，談一小時歸。函戴院長，告以李培基調豫主席事。處理四組文件十二件。十二時寢。

1月6日　星期二　陰　五十二度

八時卅分起。今日行政院會議，通過以牟中珩主魯、李培基主豫。李甫於昨日就考院秘書長，變動之速，亦非常時用人之特例也。聞將屬行軍事長官不兼省長之決定，鄂、湘等省亦將有所調整云。上午修改委員長就兼理外交部長職之訓詞，前後凡二千五百言，費時三小時。以自誠紀錄初稿時用語遣詞多有不周密之處，不能不為斟酌修改，又不欲失其原詞主意，故甚費力也。今日頗自覺精神不及上月底之佳，故工作效率亦減低，而近數日來睡眠不佳亦一主因也。午餐後小憩，仍未睡熟。閱六組情報件十七件，以心繁不作他事。讀邱吉爾演講集十餘頁，措詞用語之大方而精警，殊可藥枯澀之病。王雪艇部長來談甚久，對參政會設計局、外交業務、宣傳業務及各黨派行動均有所討論，五時卅分去。外交部傅、錢兩次長來談，面交轉呈公文五件。六時卅分季陶挈其哲嗣安國來談，晚餐後始去。與皋兒談今後戰局與服務方針。李秘書唯果來談外交部經費事，核定周刊社評一則。九時卅分芷町來，處理四組呈件八件。十時洗澡，今晚決早睡，十時卅分寢。

1月7日　星期三　晴　五十二度

八時卅分起。處理公私函札十餘件，閱外交電二十餘件，核第二處報銷二件，圖書費二件（約尚存八千元）。方青儒兄來談社會處工作，告以著手之始，應從無聲無臭處著手，大處勿放鬆，小事勿苛求，談二十分鐘

去。成舍我兄來談，表示願赴海外任宣傳工作。午餐後小睡醒，作函三緘，檢討去年未完工作彙記之。閱講稿一篇，未及修改。閱六組件畢，八弟、叔同自昆明來渝，不見三年矣。夜處理四組公文九件，熊天翼兄來談總動員法案之擬議，十一時去，十二時寢。

1月8日　星期四　晴　五十二度

九時五十分起。連日遲眠，遂乃晏起矣。參考消息亦已數日未閱，時間、精力兩均不敷支配，甚以為憾。昆明六日有大隊學生游行，到處書寫反孔標語，皆受大公報論文影響，立言之不易如此。其實孔之誤國豈青年所能盡知，不過謂其專誣其貪而已，貪與專實尚非孔之罪也。上午精力不佳，體寒而憚於作事。午餐後整理物件，聞敵機襲梁山。二時卅分小睡，三時起，閱六組呈件及四組批表十五件，周自鏈（心齋）來訪，奉何仙樵廳長命有所接洽，因事冗未見。傍晚葛覃來訪，旋佩秋秘書奉果夫命來接洽保舉人員事。語冗而寡要，聽之殊費力。六時傅、錢兩次長來談外交部公事，毓麟幼稚操切可嘆。夜與唯果略談，芷町來，處理四組件十一件。與八弟閒談，與默同整書篋，一時就寢。

1月9日　星期五　晴　五十四度

九時十五分起。睡眠稍足，精神較佳。上午閱報及參考消息後，與允默整理書件及事略，與余個人日記併藏

一箱。約八弟來，詳談別後數年之情形。午餐後閱六組情報件十餘件，批表八件。小睡極沉酣，至四時卅分起。廖國麻君來訪（現任教育部之會計科長管預算），旋李涵礎主席來談豫省政務。致王雪艇部長一函，辦理手批件五件，與公洽電話洽事。今日仍無暇改講稿。傍晚閱四組批表，唯果來談。旋滄波來談。夜約毓麟來詳談。十時後芷町來處理四組公事十二件，簽呈五件。一時就寢。

1月10日　星期六　雨　五十二度

八時五十分起。閱報及參考消息，覆公洽秘書長等信，修改講稿，仍未畢事。十一時月笙來，詳談香港失陷後之情形。十二時到官邸，參加參事會談，到戴、于、孫院長等二十八人，討論戰後形勢及同盟國作戰情形。二時餐畢，與亮疇、雪艇、公洽諸人分別接洽事務。歸寓後與唯果談外交部事。允默等今日回山寓。三時半小睡五時醒。閱六組件十八件，為傅次長表示辭職事往訪亮疇先生，談一小時歸。自誠來談，旋毓麟又與詳談，以彼態度急進，使人難堪，再規戒之。處理四組件十二件，芷町來談，旋與第七、八弟、皓兒、四弟談。一時許寢。

1月11日　星期日　雨、潮溼持甚　四十七度

八時卅分起。今日溫度極高，骨痛又作，甚感不舒。九時到堯廬，參加本室新年第一次會報。十時卅分委員長召往官邸一談，為昆明魚日各大學學生游行事。委員

長極注意其背景，斷定為國社黨分子受外來策動之所為，
囑電龍志舟說明此事內容。談畢，仍返堯廬，續開會報，
決議要案八起。十二時歸，即起草電稿。午餐後與雪艇、
立夫、惺甫分別通電話。三時午睡，至四時四十分醒。即
往遺愛祠訪周惺甫部長，託其電龍志舟，囑陸子安、繆雲
台勿與國社黨分子往來。七時歸，頭痛而精神不舒。教部
顧次長來談。與蔣夢麟通電話。閱六組件五十件、四組件
五件。夜修正電稿再呈核。與四弟談，十二時寢。

1 月 12 日　星期一　陰晴　五十四度

九時起。蓋昨晚入睡在一時以後矣。盥洗甫畢，即
至國府，已不及參加紀念週。九時五十分出國防會七十五
次常會，決議要案九件，保留待請示者省參議會組織暫行
條例一半。十二時十分散會，與雪艇同車至官邸，舉行黨
政會報。與立夫等談昆明學潮，旋又偕康兆民兄過俞秘書
處小坐，查閱情報。康先行，余又至六組，囑摘繕情報，
並與唐組長談組務。巡視一週而歸。辦發電稿及編抄情報
四件，閱六組件卅餘件，時遲不及午睡。俞秘書來談工作
困難約半小時。錢用和女士來，祖望代見之。傍晚自誠
來，報告陪見賓客事，留與晚餐。夜致康兆民一函，與由
辛、唯果、芷町先後談話，辦四組件。十二時寢。

1 月 13 日　星期二　陰雨　五十一度

九時起。昨晚睡眠極不佳，今日頭腦昏悶，甚為不

舒。閱報及參考消息後，本擬外出訪友，以待沈成章部長
未果，然沈部長卒亦未來。核改一月五日紀念週講稿一
件，研究工作競賽之進行方法，未有妥當結論。午餐後小
睡，甚疲，直至四時後始起，已暝色四合矣。閱第六組批
表及呈件，朱驊先兄來詳談中央研究院事及組織部事。旋
傅、錢兩次長來談外交部事。八時晚餐，餐畢，核辦四組
文件十件，並擬會簽稿一件。十二時十分寢。

1月14日　星期三　晴　四十八度

九時卅分起。處理公私函札六件，閱外交電八件。
焦高級參謀希偉（續華）來談，奉委座諭召往官邸談話，
承命擬發摩根韜財長函稿，並慰唁李司令長官母喪。召李
秘書來，承辦英文譯稿，午餐後送呈。今日奉諭准委裘由
辛為六組秘書。午後小睡至三時卅分醒。沉眠幾不能起，
可知精神之衰。四時往白象街訪王雲五先生，談一小時餘
（為戰時公債勸募委員會秘長事）。旋往軍委會招待所，
訪辭修，談省政及動員事。晚餐後閱六組件卅八件、四組
件十五件。與四弟談甚久。十二時後就寢。

1月15日　星期四　晴　四十八度

八時五十分起。閱雜誌兩種，黃強（本初，係中央
秘書處專員）來談甚久。奉召往官邸，略談即回。道藩兄
來談中政校事及中樞黨政各情，午餐後始去。小睡一小時
餘，三時起。閱六組情報件，裘君由辛今日來就六組秘書

職。三時卅分到國防最高委員會秘書處，約秦組長、王秘
書來談業務。四時出席聯席會報，六時完畢歸。外部錢次
長來談，旋果夫來談黨政各事及保存魯、陝、甘等省人
事，尤注意安徽。毓麟亦來談甚久，八時卅分去，始得
晚餐。餐畢，閱四組文件，與自誠、芷町談組務。十二
時寢。

1 月 16 日　星期五　大霧、陰　五十一度

　　九時起。張君勱君來訪，談昆明學生游行事，力辯
非國社黨所指使。余告以羅隆基決不是愛國之人，為達到
私慾，可以不擇手段。並告以國社黨今日死者已死，附敵
附近逆者則已為國人所不齒，尚有幾個黨員，實無存在必
要。勸其不如努力文化，放棄政治活動。然彼猶強辯不
悟也。十時卅分到官邸，奉命改譯電稿（向美接洽借款
事），即攜稿往國防最高委員會，請亮疇秘書長代為修
改，仍攜回送呈之。歸寓閱本日文件。由辛來談。一時午
餐後小睡至三時許。王卓然來訪，未接談。發表陶永標為
隨從副官，支准尉薪。辦發代電數件，處理私函六緘。泉
兒於四時由北碚回家，與談別後情形。聞六弟不日可到惠
州，甚可慰。夜處理四組件約二十件，與芷、果談甚久。
十二時寢。

1 月 17 日　星期六　陰　五十二度

　　九時起。四弟、七、八弟攜皓兒、細兒並約九妹遊

北碚北溫泉，至晚方回。余今晨起床後頗感睡眠不足。辦發代電函札等數件（公費股發朱驊先轉陳仲甫八千元），即覺頭暈發冷，就床再臥，實未合眼，服散利痛兩片，客來均未晤。十二時強起午餐，擬覆朱德函稿（代委座擬），一時後再睡至三時起。疲勞稍復，然仍頭暈不止。午時到官邸謁委員長報告黨、政、青年團、外交部等各事。委員長傷風未癒，仍照常治事也。閱六組件十二件、四組件八件。夜與七、八弟、九妹等圍爐聚談，閱日記。十二時寢。

1月18日　星期日　晴　五十二度

九時起。黃文山君來訪，談美洲黨務甚久而去。今日星期，處理函札數緘外，不欲作他事。與諸弟及兒輩閒談消遣。午餐時患牙痛甚劇，不能咀嚼。蓋自昨晚起，至今日未癒，精神頗受影響。一時滄波來談監察院事。二時小睡至四時餘起。睡極深而多夢。傍晚馮甥明明來訪，儼然與少年時代之威博神情無二。留其進餐，並止宿焉。夜約唯果來談外交與部務，閱六組批表廿六件、情報件卅件。九時芷町來，處理四組公文十六件。約竺副官來談節約公物辦法。作簽呈四件，致允默一函，明日送出。諸兒邀食年糕湯，七、八弟所發起也。十二時就寢。

1月19日　星期一　陰　五十二度

八時十分起。齒痛愈劇，左頰最末下顎一齒傾斜作

劇痛，牙齦腫脹，服止痛藥數種，吳醫來診，至夜十時始稍鬆，故今日精神甚不佳。九時到委員長官邸奉詢數事，一一答之。並命查詢國防會英皇加冕特使團報告案。十時舉行本室臨時會報，討論節約文具及購備文具之辦法。十一時卅分歸，以有病，甚覺徬徨。午後招細兒來談，教以讀本國文學史之方法。二時睡至四時醒。陳宗熙來談，勸其做大事，勿做大官，切莫計較階級。劉炳藜來談，告以從事理論工作，宜多讀本國歷史。毛慶祥來談編制人事等。夜閱六組、四組件。滄波來談。十時卅分寢。

1 月 20 日　星期二　陰　五十一度

八時四十分起。朱雲光兄來談省參議會及縣參議會等事，並面囑查明二十六年賀英皇加冕使團之報銷案。十時卅分錢新之君來談金融、財政、港滬情形及王儒堂與杜、張（仲仁）等事，約一小時。客去後往訪雪艇於中宣部，談三刻鐘而歸。一時卅分午餐，二時午睡，至四時許起。閱六組情報件二十餘件。今日齒痛稍癒，辦發代電等數件。傍晚由辛來談。傅次長秉常來談。晚餐後唯果來談。核閱四組文件六件。九時委員長約往談，詢財部事及中央設計局與戰債勸募會事。面呈吳主席報告浙大學生十六日游行事。歸寓發致蔣、竺校長電。教部彭秘書來談。十時自誠來談甚久。十二時卅分寢。

1月21日　星期三　陰晴　五十一度

八時五十分起。閩人吳靄宸君來訪，蓋熟悉新疆問題與蘇俄事情之一外交家也。由新之介紹來談，留著作二冊，託轉呈委員長焉。上午作函札數緘，校改訓詞二篇：南嶽會議開會詞（第二次複校）、黨政訓練班第十八期開學訓詞。聖芬記述之技術甚有進步，簡潔明瞭，修改亦甚易也。十一時卅分委員長招往談話，命與大公報接洽作文。又告余川、黔道上有反政府標語云。午餐畢，思慮疲亂，而神經昂奮，小睡未成眠，二時起。往訪王芸生，長談一小時許回。文人之僻性幾不可以言詞動也。今日聞一佳消息，言希聖已脫險。三時月笙來訪，乃知尚在營救中。傍晚代擬團部訓令稿。夜芸生來商文字。核四、六組文件。十一時寢。

1月22日　星期四　陰　五十三度

九時起。精神不暢，又略有齒痛。重擬中央團部訓令稿一則，殊覺勉強。十一時完稿。黃宇人君來談貴州省青年團支部經費事。午後小睡至三時卅分起。聞立夫、正綱曾來訪，值余在睡中，未見也。閱六組批表十件、情報呈件十八件。外部錢次長來談，留報告二件。傍晚陳辭修君來談對於三民主義之實施方案，極有見地，並留人事制度表解二種，囑為轉呈。夜閱四組呈件十四件。熊天翼君來談赴美之準備。今晚心緒極繁。十一時卅分寢。

1 月 23 日　星期五　晴　五十四度

　　九時起。今日精神甚煩悶，齒痛又作，本擬赴全室研究大會，以情緒惡劣紛繁，不得不臨時請假。擬往訪劉海泉先生，亦未果也。在寓處理函件十二緘，閱外交電卅二件。至十一時許，頭痛心跳，實不能支，就床小憩，亦未熟睡，強起午餐後再睡，至三時卅分起。康兆民、蔣夢麟兩君來訪，談昆明學潮約一小時餘。接成都電話，知華西大學等亦張貼反孔之標語，但未出發游行。約立夫來談處理方針。與委員長通電話兩次。閱六組呈件十二件，知星加坡形勢危急。夜改繕中央團部訓令，辦發四組文件十餘件，芷町來，共同處理之。唯果來談外交部件。乃建來談組務。十二時後就寢。

1 月 24 日　星期六　晴　五十五度

　　九時起。今日齒痛仍未止，精神亦不寧謐。以連日所聞學生行動消息多足使人不快也。昨晚寫就小詩一首，預祝允默生辰，今日午刻遣泉、皋、皓三兒帶去，冀使其稍得歡慰。午前辦出積件八、九件，發陳啟天圖書費，覆劉海泉、黃任之各一函。午餐後略休息，未熟睡。為委員長起草發致各省政府、黨部、各大學揭破反動漢奸煽惑青年之陰謀電。四弟起初稿，余為潤色之。六時前送出，不知今晚得達山上否。由辛來談組務甚久。閱六組件十件，處理四組件十五件。十一時始畢，與八弟、九妹談。十二時寢。

1月25日　星期日　晴　五十六度

八時五十分起。大霧瀰漫，至十時後始開霽。委員長核正致各省主席黨部通電稿，即交謄改後送機要室發。計川、陝、甘、黔、滇、桂、粵、閩、浙、贛、豫、湘、鄂、皖各地，送出時已十時卅分矣。十一時到官邸，在俞秘書室內與濟時、希曾、唯果、國華談話。十一時卅分到官邸陪客。十二時偕陳啟天君進謁，談七分鐘，即邀陳君到余寓談話，午餐後去。小睡至三時卅分醒。精神較昨為佳，殆天氣晴暖睡眠充足之故也。致徐柏園一函，閱六組文件九件、外交電七件，轉呈錢端升君一函。五時訪亮疇秘書長，談外交部事及國防最高委員會各事。七時歸，晚餐一人獨食，甚無聊。因四弟等均往芩西家吃年夜飯也。八時吳秘書長來談甚久，閱國民參政會決議案審查報告全部。九時卅分文白書記長來談。核四組公事。一時就寢。

1月26日　星期一　晴　五十四度

八時卅分起。九時卅分到國府，十時舉行國防最高委員會四十七次常會，戴院長主席，通過二屆二次國民參政會建議及報告案之處理辦法，及法案五起、任命案一起、財政案四十件，十二時散會。與鐵城、果夫、季生等談美洲黨務後歸寓午餐。餐畢小睡，至三時起。四時到官邸謁委員長，奉交下中共軍委會政治部宣傳密令一件，囑為研究。五時公展來談。閱六組情報十六件。與八弟談。同茲來訪。晚餐畢又奉約到官邸，委員長對青年團之前途

不勝焦慮，有極長之指示。出至文白家，轉達之，並約兆
民來談，天翼與焉。歸閱四組件。十二時寢。

1 月 27 日　星期二　晴　五十四度

　　九時起。昨晚睡足七小時以上，惟晨起面部浮腫，
當係安眠藥之故耳。郭紫峻同志來訪，歷述其在陝省奮鬥
經過，謂不蒙前輩諒解，反以為罪，甚感灰心。告以總裁
對君毫不責備，且明瞭地方同志處境之艱難，望仍努力，
不可因于先生一時之責備而灰心，再四安慰之。旋張溥泉
先生來訪，談西京籌備委員會事（與西安市政工程處權限
之劃分），約卅分鐘去。十一時賈煜如部長來訪，談就任
銓敍部以後之情形，並謂銓敍部對儲才工作較甄核工作尤
應重視。此公年逾六十，精神不衰。十二時到官邸，參加
參事會談，與驪先、立夫、公權等談民族文化書院事，以
委員長意擬停辦此校也。今日會談到者不多，一時三刻完
畢。偕唯果同歸寓，小睡至三時卅分醒。改定賀羅總統生
日電。承召往官邸詢青年團等事。至世和處小坐而歸。四
時送皋兒赴貴陽，作介紹函二緘，交其帶去。公洽秘書長
來訪，談魯省府等各事。貴嚴主任亦來余寓，同商總動員
審議會之組織。五時卅分外交部傅、錢兩次長來訪，留呈
公事六件（今日于斌、汪日章及其友陳定先後來，均四弟
代見）。七時閱六組呈件，又擬呈電稿一件。晚餐後與
四、七、八弟閒談片刻，核閱四組各件。九時奉召往謁委
員長，垂詢中樞近情甚詳，態度較愉舒矣。歸寓稍休，

十一時寢。

1月28日　星期三　晴　五十八度

八時卅分起。處理函札十餘緘，代擬中央秘書處（致各省黨部、各省主席）、中央團部（致各團及學校分團）、政治部（致各戰區各級政治部及軍校）電稿各一件，分別送發。又辦理承達事務數件。今日精神似稍疲倦。十一時芷町來談。十二時道鄰來，未與接談。午餐畢，約唯果來談，以委員長昨日所言告知，勗以一切宜更大方自然云云。二時五十分小睡至四時卅分醒，閱六組各件約二十件。致鄭彥棻電，詢六弟行蹤。五時往范莊訪庸之（三時電話來約也），就病榻與談一小時餘。彼為余言，處理財政極為辛苦，而於外間指摘，略無自省之意，聽之甚覺疲勞也。六時卅分歸，唯果來談辦事之難，意頗不懌。七弟等宴客，遂辭不與席焉。夜閱四組件二十餘件，處理達三小時。十二時卅分寢。

1月29日　星期四　陰　五十七度

八時卅分起。王雲五先生來訪，談商務印書館在後方營業事，約卅餘分鐘去。張屬生兄介紹湘桂路局長石志仁（河北昌黎人）來訪，談該路修築維持及行政情形，又言橋樑根本無修理之必要。其人原任機務工作，自任局長異常熱心，聽其所言殊為一努力之同志也。陳公洽君來談國家總動員法等事。騮先來談一小時餘（皆人事問題）。

往中央黨部訪甘自明。一時歸寓午餐。餐畢小睡一小時餘。處理函札十二緘，閱外交電二十餘件。今日下午積泉自南岸歸，積樂亦自學校歸。傍晚外交部傅次長來談資料整理委員會事件，閱六組件十餘件，又核發本室公函一件，夜唯果、芷町先後來談。十二時寢。

1 月 30 日　星期五　晴　五十七度

九時十分起。雖遲起而精神仍不暢適。盥洗畢，唯果來談，約十分鐘即去。覆端升一函，作致公弢一函，又繕簽呈請示五件。十時卅分王治易總司令來談。十一時蔣夢麟校長來談。十一時三刻偕季陶同至儲奇門渡江，到山中官舍，晉謁委員長，談南洋戰局與印緬關係。二時午餐後再談一小時。奉交下日記（民七至二十年，又廿九、卅年）始辭出。途中與季兄談印度事，甚獲益。四時回寓小睡，至六時始醒，閱六組件二十餘件、四組件五件。國華來談。晚餐後由辛來談。與四弟、七弟等談。八弟明晨回滇矣。十二時寢。

1 月 31 日　星期六　晴　五十六度

九時起。處理公私函件十餘緘。到李子壩訪張岳軍主席，談民族文化書院事及應付各黨派問題。委員長欲停辦文化書院，昨已函岳軍，託其轉達君勱，今日更面催之，然岳軍以為尚有研究也。十一時歸寓，公洽秘書長來談國家總動員機構事。午餐後小憩，接允默自老鷹岩歸

寓，而遣樂兒回山寓。四時往官邸謁委員長，陳述西行意
見，並與國華談話。嚴濟寬君（黨史會）來訪，託搜集總
裁照片。雪艇來談宣傳業務。甘自明來談，十五分鐘去。
閱六組件十餘件。夜芷町來，同閱明儒學案，核辦四組
件。十二時寢。

2月1日　星期日　晴　五十八度

七時四十五分起。八時到堯廬舉行國民月會，到各組職員約六十餘人，余主席，並演講，勗勉同人努力服務與研究。略謂：

（一）昨奉委員長交下明儒學案，其上朱墨爛然，以如此大部書籍六十二卷一千八百餘頁，而委員長以萬幾冗繁之身，於七個月內（五月廿四日至十二月二十八日）閱畢之，其研究篤學精神，洵足令人感動。望同人咸自惕勵，養成讀書有恆之習慣。昔人有言，人自不肯讀書，謂無暇讀書者妄也。

（二）對本室同人之生活待遇，賀主任及余時刻關心。值此抗戰偉大時代，務各堅毅努力，勤慎奉公，不可見異思遷。至於階級銓敘，一俟抗戰勝利，必為代請委員長特予補救也。

接開業務檢討會議，至十時五十分散會。囑芷町往訪盧作孚君，問候其病。十二時到戴宅訪季陶，談話四十分鐘，即至官邸午餐。同餐者張岳軍、王治易、王東原、康兆民諸君。二時歸寓小睡，至四時始起。交王宇高君明儒學案二十四冊。今日李士珍君來訪，談警察教育，觀其意似有所不平，婉言曉導之。沈祖杖、黃季弼來訪，均未見。閱六組情報件二十餘件。聞西南聯大又有事，學生毆傷職員云云。以電話詢夢麟，謂無其事，當係誤傳也。夜閱四組件十餘件，芷町來談甚久。十二時寢。

2月2日　星期一　陰　五十八度

　　八時卅分以有電話驚起。昨晚以久服安眠藥，暫停一次，幾於通晚失眠，今日精神疲頓已極。九時卅分接委員長手條，飭辦四、五事，皆即刻需繳卷者，實不能用腦，心緒乃大亂。勉強掙扎，將搜集材料事，酌交二件與叔諒辦理，又奉諭擬今晚宴別卡爾之詞。正在準備，而杜月笙君來訪，不得不出見，乃竟長談一小時餘。去後辦發外交部代電等件，閱昔年演詞，準備宴別詞綱要腹稿已具，乃竟不能寫成，只寫二段，不克終篇。約唯果來談，承百忙中允為代擬初稿，遂服藥一片小睡，然竟不入睡，旋矇矓合眼，三時始醒。核定後即送呈之。今日腦痛之烈，洵為未有苦境矣。閱六組各件及中央調統局之件。季陶來，未接談。道藩、亮疇先後來談。七時芷町來，處理四組呈件。九時後起草新生活運動廣播詞，一時完成，遂就寢。

2月3日　星期二　雨　五十四度

　　八時卅分起。作私函三緘。九時卅分往訪季陶，談印緬情形，備遠行之參考。至十一時卅分到官邸，十二時謁委員長，承諭定明日出行，囑余留守。十二時卅分歸。太虛法師來談菩薩學處事。宋希尚兩度來訪，未接晤，不欲多管閒事也。今日精神恢復，以昨晚睡眠較暢之故。午餐後仍小睡一小時半以上。閱六組情報及批表等件。五時傅次長來談。季陶來談，約一小時去。六時卅分芷町來

談。晚餐畢，處理四組文件十六件，學素亦來同餐。八時卅分與鐵城、公洽、雪艇、岳軍等謁委員長，對參政會黨派問題及宣傳事項指示甚詳。十一時歸，約道藩來談，留其止宿焉。十二時卅分就寢。

2月4日　星期三　陰雨　五十四度

八時卅分起。辦發代電等四件，覆驑先函。國華來談，送來卅年日記及卅一年一月日記各一冊，略談，即與道藩同至德安里待車出發。余於十一時去官邸，與賀主任同入見，報告各事。並請示出行後注意事項。奉諭代為妥慎處理，非極要件，不必請示。十一時送委員長及夫人行後遂反寓。俞鴻鈞次長來長談，至午始去。午餐後與默談家事。二時小睡至四時卅分起。郭復初來談。陳宗熙來談。芷町來處理四組文件六件。滄波來談甚久。夜可亭次長來談糧食、金融等情形，約兩小時。閱六組情報及研究件卅餘件。十二時寢。

2月5日　星期四　陰　五十五度

九時五十分始起。今日心境較為燕閒。閱報畢，唯果來略談。十時五十分聞亦有兄來談主計處工作及建設專款審核委員會之存廢問題甚久，兼及會計人員之訓練問題。十一時卅分往監察院訪劉副院長海泉，談監察制度及國府組織法。此公銳意自見，不明副院長職權，本以襄助為範圍，微言婉諷，恐難領悟，欲直言又覺不便，殊令人

為難。十二時卅分歸，午餐後小睡至二時四十分起。閱外
交電十餘件，又閱新送來之外交電六件，閱六組件及批
表。芷町、由辛先後來談，十時始去。處理四組件九件，
處理私人函件十餘件，親作覆函五緘。閱思想與時代雜誌
論文二篇。十一時就寢。

2月6日　星期五　晴　五十六度

九時卅分起。王雲五先生來訪，談商務請求四行貸
款事，詢其家人近狀，知尚未離港。因念六弟以小孩之
故，當亦不易離開也。蕭秘書來談，觀其容止，漸近於誇
傲，可知薰染之道，亦至難言。午餐後處理私函數件，接
錢新之函，即送第六組參考。小睡約一小時起。處理六組
呈件十餘件，盧滇生主任來談，核定國防最高委員會下次
議事日程。本擬回老鷹岩，時遲未果。乃建來詳談鞏固黨
基事。芷町來略談即去。夜約由辛來談工作。閱舊日記，
不覺夜深。就寢已將一時矣。

2月7日　星期六　陰　五十六度

九時五十分起。昨晚以服藥不合宜（服
BROMURAL 一片半，劑量不足），終夜多夢屢醒，等
於未睡。今日起床後，精神極不舒暢，為旬日來所未有。
閱報後僅發函二緘，接電話兩次，即無餘力作事矣。客來
不已，只得謝絕之。午餐後略睡，仍不見恢復。蓋仍未熟
睡也。三時卅分李振吾院長來談浙大學潮詳情，應對之

間，頗覺費力。為孔代發電文三件，致前方。盧滇生來接
洽公務。傍晚服止痛劑甚多始稍癒。處理公函及私函十餘
緘，閱六組件，又核定本處三月用款及士兵勤務加薪之一
部。沈祖杖來談。夜毓麟來談。七弟、細兒來，聞憐有消
息，且恐且喜。核四組公事，閱國防會議事之件。九時後
精神漸復，十一時卅分寢。

2 月 8 日　星期日　晴　五十七度

　　九時卅分起。昨晚服藥較多，睡眠酣適，晨起精神
舒暢多矣。閱報及參考消息後，洪瑞釗君來談三民主義青
年團業務之進行，頗覺其未能體察入微，而於處世作事亦
尚未能知本末輕重所在，彼此次入團部工作，係來函向余
自薦，而余為之轉言於文白者，不意竟成事實，萬一無所
成就，余固應負道義之責任，故充分指導之。瑞釗去後，
知陳清已自昆明解到，即囑陳副股長善周押交第三組，轉
送警衛團禁閉，以其違犯紀律，不能不薄予懲處也。擬致
教育學術團體二屆聯合青年會訓電一件，為古秘書及孔副
院長轉電各一件。午餐後胡秘書士英來談明日議案事。小
睡一小時餘。接大哥信，讀之滋慰。今日又續有二喜訊，
一為六弟安抵肇慶，一則憐女已有來函告行踪也。閱六組
呈件十餘件，外交部十件。四時果夫來談，為余誦其近作
之詩詞，五時卅分始去。騮先續來談黨務教育與調查工作
約一小時餘。七時唯果伉儷攜兒女來，留共晚餐，此心乃
轉怡悅。余近年最愛與十歲以內小孩接近，殆老年心境

歟。處理四組文件，芷、果來談，十時卅分去。寫樓桐孫
之父七十壽詩，由辛所代撰也。十一時四十分就寢。

2月9日　星期一　陰　五十四度

　　八時起。寫信二緘。九時到國府參加紀念週，今日
到者較少，不無感慨。由何總長對軍政部黨務作報告，關
於整軍及兵役與補訓，過去一年間之改進，敘述頗詳。謂
全國今已有五分之三部隊整理就緒，有大致統一之編制與
裝備云云。報告歷一小時餘始畢。十時卅分開國防最高委
員會第七十七次常會，由于院長主席。軍事外交報告均較
簡，通過法案三件、任免案一件、財政案約四十件。孫委
員對借款問題、海軍問題與東方民族幹部、訓練問題，戴
委員對宣傳問題均有意見發表。十二時十五分散會，歸寓
午餐，餐畢小睡二時卅分起。接杜君函送希聖電，知七日
已到河源，此誠可喜之消息也。三時卅分代委員長接見各
省教廳長六人，甘：鄭通和、察：胡子恆，冀：許重遠，
黔：歐元懷，陜：王捷三，鄂：張伯謹。對師範生優待及
軍訓改進事各廳長均有所陳述，談約一小時餘而去。張君
勱來談民族文化書院結束問題。傍晚約六組呈件。由辛來
談，晚餐後去。芷町、立夫談組內考績等事，核閱四組文
件八件。精神頗疲，洗澡後就寢，已十一時卅分矣。

2月10日　星期二　陰　五十度

　　九時卅分起。閱報及中央周刊等雜誌。蔡宜齋（義

生）參議來談，同盟會以來之老革命家也。自謂今年五十有九，精力尚健，不欲居閒職而受厚祿，似頗有用世之志。然其過去經歷皆為海關監督一類之職務，則目前當無任使之法耳。午餐後與四弟談業務，望弟談組務。二時小憩，三時卅分醒。路透社及BBC傳播我統帥行程，電前方報告之。與雪艇、鐵城、月笙諸君通電話，所接洽之事極繁雜，此心又不能安閒。閱六組件及汪錫鈞參謀意見書，善有見地。晚餐後核閱四組件六件，芷町來談片刻。十一時寢。

2月11日　星期三　陰　四十七度

九時卅分起。接雪艇電話，知路透社有德里消息，彼意堅欲發表，且謂中央昆明社消息，亮疇等已到，言之鑿鑿，殊為可異。本欲作修改講稿工作，因心繁，乃復擱置，殊覺恨恨。知星島危急，凌百待援，與貴嚴商榷，電請爪哇當局派機往接，不知是否太遲也。一時雪艇來談，一時卅分午餐，以電話詢昆明，則知所謂亮疇到滇者乃府中人所言，係誤傳耳。二時小睡至三時卅分醒，再與雪艇通電話，必欲發表消息，固執如此，只得婉言勸之。閱外交電三件，月笙來談卅分鐘去。五時閱六組情報，乃建來商技術研究室事。芷町亦來談。旋霍寶樹君來談。夜續發前方兩電，作致靜公、子文函，改全會講詞。一時卅分寢。

2月12日　星期四　陰、寒甚　四十五度

九時十五分起。陳清來請見，拒絕之，因已交託王侍衛長處置，且紀律不可不肅也。修改委員長十二月間宴請九中全會出席中委之講演詞，甚費心力，約二小時修改完成。午餐後小睡約一小時。今日天氣嚴寒，為四川所罕有，余心中忽感繁亂與淒苦，竟日不歡。學素來談，酌贈年終補助金，略予安慰之。自七日以來，此心即感極端沉悶，強自鎮抑，不使發作，允默知余心境，遂亦留此相慰。余細思煩悶之由來當有數因：

　　（一）時局日益緊張，今後一切應付彌感艱難，孱軀今
　　　　　冬較去年更為疲滯，精神委頓，深恐不稱職任；
　　（二）諸兒服務地點未定；
　　（三）積疊工作太多，又無力即予處理；
　而（四）最大之原因為祖望、省吾、子猷，以至學素等
　　　　　工作之不如我意，以祖望省吾之不自愛為尤甚。
　　　　　自憾無用人能力一至於此。

今後時事日艱，恐振作更不易矣。此意難為他人言之，徒增愧耳。四時卅分起，閱六組件，整理各種小冊子。傍晚與雪艇在電話中商定發表委座游印消息。傅、錢兩次長來談，傅次長言詞冗長而無剪裁，聽之極費力。四弟為我延請安龍章君來診牙疾。夜改警衛團訓詞，閱舊文稿，十二時寢。

2月13日　星期五　陰　四十四度

九時十分起。今日氣候更寒。晨起僅四十三度，室外已在冰點，此為入川三年來所未有也。王宇高來談攜眷及其弟之工作。批准蔣孝贊辭職。約省吾來談，囑其努力振奮，不可日趨怠惰。並面交抄件一疊。閱報及情報件，今日仍煩鬱不開展。午餐後允默攜明兒回山寓，不忍旦姨獨居寂寞也。小睡一小時餘起，有心跳現象。晨公洽秘書長來談省府職權調整及地政署等問題。五時皓兒自山寓回來，與之接洽工作事。傍晚唐組長來談，帶回會報決議案。七時芷町來，核閱四組件十件，擬致君勱函稿。顧次長來談甚久。閱六組件畢，十二時寢。

2月14日　星期六　陰　三十八度　陰曆除夕

九時起。寒甚，開電爐後始稍暖。上午本室會報，以有事未參加，後知為討論汽車設備及防空防毒設備也。招鄭組員鍾敏來談，對其家庭困難極意慰勸之，以其父納一妾，囂煩異常，彼甚不安也。芷町來談，研究省政機構調整案之感想，並就余談一年來諸事，午餐後始去。發文白、果夫、書貽等函，約集明日下午會商黨政訓練計劃。午後小睡一小時醒。致望弟一長函，勸其速為進德，長約二千言。四時應孔庸之約，往談美借款案及他事，前後詢余經濟情形，卻有所餽贈，雖知其意無他，而義不應受，堅卻之。歸寓後與二兒談話。準備五組考績案。閱外交電，夜與四弟望弟談，十二時寢。

2月15日　星期日　下雪　三十八度　壬午元旦

七時起。昨晚下大雪，此重慶所未有。開窗四望，白色生光。今日為舊曆壬午年元旦，自茲余乃五十三歲矣。往景不修，體力日弱，反省工作，多所缺點，近月來工作委積，心地不舒。今日起床特早，當為一年之始之佳朕。從茲宜勉學心地寬閒，生活有恆。作事方面，仍當竭力以勤勇赴之。一事未了，莫想他事。事到手者，宜求速辦，勿過求全力，太拘泥審慎。戰事日益緊張，豈容遲延致誤乎。養心最要，養身次之，略紀於冊，以資自儆。尚不知能做到否，然必以此自勉耳。上午仍極寒冷，幸精神尚佳。將第五組考績案辦理完畢，評定優劣，甚費考慮。以平日太少注意考核也。何孟亭來談物資局成立後知新設施及機關辦理辦法。勸其慎初固始，談約一小時許別去。發致鐵城、驪先一函。午餐後小睡起，閱六組件。由辛來，不暇與之詳談。定心伏案，修改新生活運動紀念第八週年廣播詞。五時卅分芷町攜四組公事來，即為核閱。又間斷一小時餘。晚餐後始再動筆將全文改達三分之二，九時撰寫完畢。十時許聖芬來談話，即以一分攜滇，並寄國華函及外交電，與四、七弟談。十一時寢。

2月16日　星期一　陰　四十六度

九時起。接委員長來電，命擬對羅斯福第二電告貸款案已簽署之謝電，並發表其兩次來電。乃檢出其七日第一次來電，親自翻譯，並代擬辦第二電之覆電。十一時應

重厚弟來談其工作情形，並請求設法增加補助，告以從緩。午餐後小睡至三時起。閱外交電多件，星洲竟至陷落，至為憂憤。四時約集文白、果夫、雪艇、書貽、東原、立夫、寒操到四號開談話會，商量黨政幹部訓練事宜，約二小時餘。推果夫、書貽、文白擬籌備要點。七時卅分晚餐，閱四組文件，與芷町、由辛談往事，甚懽快。十一時五十分寢。

2月17日　星期二　晴　五十二度

八時五十分起。閱報端所載邱吉爾演說，想見英國政爭之劇烈。民主自由之流毒，於對外戰爭時暴露愈甚，可為殷鑑。新運總會嚴君來，囑祖望代見，以訓詞要點抄辦之。宋希尚君來，談西北公路案，約十五分鐘。陳子廎秘書（成）來訪，係問候性質，然上午便在接見賓客中匆匆過去矣。午餐畢，發致前方電二件。泉兒自北碚歸，未能與之詳談。小睡至三時起。王芸生來談時局，約一小時。俞國成來訪。傍晚傅次長來談。閱六組件三疊，芷、果來談，八時去。商定四組考績，銓敘部濮司長來。接力子電，即轉前方。十一時寢。

2月18日　星期三　陰　五十度

八時卅分起。作私函數緘，約望弟來接洽業務。將新生活運動紀念詞再為酌加修正，於午後二時送中央社及國際宣傳處發表之。今日待昆明同事電話，久不至，心甚

繫念。至下午五時與黃總幹事通電話，聲音甚低，蓋話機
太壞之故。擬請在昆明代表會長廣播紀念詞，余告以同
意，但書面發表仍以國慶所發者為準。章副總幹事來，
囑望弟代見之。午後小睡僅五十分鐘即起。以日前重囑
之日記數冊彙納于匱中。計民七、民八、民九、民十、
民十一、民十二、民十四、民十五、民十六各一冊；民
十七、民十八各二冊；民國十九年至二十四年各一冊；民
國二十五年分訂二冊；二十六年至二十九年（前怕因潮
濕，故解開，報紙曬破，今改封）各一冊；又民二十九年
及卅年雜記各一包；民國卅年日記及卅一年一月各一包；
此外自述事略一冊，此皆原本非抄件，惜在廿五年以前有
損缺不完者耳。乘便檢點保藏之文件亦多潮濕者，取去以
電爐烘乾之，並為整理後歸成報夾，如是碌碌終日（下午
五時銓敘部司長濮紹成、中央黨部人事處長宋宜山來訪，
談黨政人員統計表）。傍晚季陶來訪，談出家事及身體近
狀，向余索安眠藥廿丸。又謂南美巴西極重要，應在外交
上布置。前駐德奧公使劉某某老成練達可用云云。談至十
時餘出。閱六組件十五件，芷町來談時局，以蘇聯不動為
憂。核四組件畢，十二時寢。

2月19日　星期四　陰　五十二度

　　九時起。閱報及參考消息，辦發私函數緘，整理文
件。十時卅分往訪雪艇，商參政會事。余擬一電稿，擬在
下屆國防會議提一議案，決定改選之原則。十一時回寓，

顧一樵君偕羅隆基君來訪，未晤談。鐵城先生來談工潮防
止、特種宣傳、人事統一管理等事，一時始去。午餐後小
睡一小時。檢出鐵匭內廿八、廿九年文件，為之整理，以
電爐烘曝之，擬為分類歸夾。以件數太多，閱之心繁，故
傍晚精神不暢，頭痛甚烈。滄波來談時局及立身處世之
道。六時芷町來。七時晚餐後，閱六組、四組件。四組今
日文件有甚難處理者。與七弟談。十二時寢。

2 月 20 日　星期五　晴　五十二度

　　九時五十分起。昨晚服 Ipral 兩丸，而殊無效果，睡
中多極複雜之夢，晨起較遲，精神仍不振。幸有陽光，稍
覺透氣。中大孟如心教授來談發明國產顏料事。十一時呼
匠理髮，盥洗，十二時午餐。餐畢，將鐵匭內之文件重為
檢理派分數篋而保存之。積年卷牘，殊嫌煩亂，至四時卅
分始大體整理完畢，心境為之一舒。然今日已廢除午睡
矣。待前方消息不至。閱六組件，唐組長來談，旋盧滇生
主任來商國防會公事約一小時餘。夜核四組件，芷町來
談。十時卅分服安利納治即寢。

2 月 21 日　星期六　陰　五十四度

　　八時卅分起。發出致史太林電，賀紅軍節（二十
三），不及待回電也。閱外交電報件及敵方廣播之件畢，
仍繼續整理文件。將前年及去年委座交下保存之件曬曝完
畢，仍裝入鐵匭藏置，計為十一夾又一小包及余個人經管

之文件二夾。檢入後復繼續整籮公事篋，皆二十四、五年存件。又續整其他箱篋內之雜件。午餐畢，小睡至三時卅分起。繼續整理，覺腰背作痛，乃中輟。由辛、毓麟、芷町來談，夜處理四組、六組件，發表考績加津案。與四弟、七弟、九妹、皋、皓、細兒等閒談。十二時五十分寢。

2月22日　星期日　陰　五十四度

八時卅分起。接電知國華等已到昆明，不勝喜慰，即轉告季陶、公洽、雪艇諸兄。公洽適赴鄉間，未親接電話也。上午仍續整篋中文件，卷帙繁多，見之心亂，至午刻猶無整理一半之望，乃暫且置之。午餐時，由辛來寓，與談商文字。餐畢，兩次就睡皆不成眠。今日乃發覺近來又患神經衰弱症，且較嚴重，勢非節減工作不可矣。發前方電兩件，閱六組件。今日文件特多，凡五十件，批閱之甚覺費力。九妹、細兒下午去，明兒四時餘歸渝。泉、皓皆在寓，余無心與之談話。芷町來，坐談少頃。夜理私函數緘，約唯果來談。十一時卅分接電，校閱告印度國民書。一時就寢。

2月23日　星期一　晴　五十八度

八時卅分起。作家書一緘，九時到國府，以準備議程，未參加紀念週（今日張公權部長報告業務）。九時五十分舉行國防最高委員會七十八次常會，孫院長主席，

傅次長作外務報告，比較簡略，僅報告駐英、蘇等使館來電及澳洲、南洋使領館來電而已。林主席起言，澳洲華僑應積極參加公民自衛團及任何徵召，切勿存黃白歧視之心。居院長謂澳洲黨務殊無基礎，由使領館不與黨部合作之故。今欲黨部出而指導僑胞，宜界予以外交職務。繼何總長報告軍事，言敵寇在鄂、豫均增兵，我宜嚴密戒備。對緬境戰況，謂敵人企圖幾路分截切斷我交通線云。繼討論法案五起、任免案二起，又財政案卅餘件，並以委員長提議，決定參政會於期滿後舉行改選。十二時散會，與屬生談考核委員會事後，即歸寓。羅志希君守候多時矣，留之午餐，談至一時卅分後始去。二時小睡，至四時起。閱六組件即外交電後，已天色欲暝矣。憐兒續有來信，囑細兒催之歸渝。傍晚與諸兒談話，發昆明一電，轉告子文簡電之內容，為英國願供軍械事也。夜閱四組件六件，芷町來談，至十時去。與諸兒再談服務做人方針。十一時卅分寢。

2月24日　星期二　陰　五十八度

八時五十分起。今日睡眠似已補足，精神較充，心境亦寬裕矣。九時卅分王武岳君來談，已立志改就行政界，名位不計高低，允為介紹。蓋覺此人係委座之戚，而能純謹知分，亦屬難得，雖學問基礎稍遜，然性行必不乖張，可斷言也。於其去後，即為致函介紹於陳公洽秘書長焉。閱外交電數則，無甚重要者。僅將力子前後來電談日

蘇關係者摘轉前方，另呈一電，告國防會昨日決議等事項。又為皓兒事作致滄波一函，承彼作介，以荷工務局吳華輔局長約為副工程師，亦了卻一件心事。招明兒來，訓以在學應注意友愛與整潔，並致其校長一函。午後著人伴送進校補考。樂兒尚須遲數日始去也。午餐後小睡，似亦甚酣。二時卅分起，閱六組情報件，處理私函數緘，轉宋子文先生皓戌電一件，報告與羅總統面談之事項。傍晚錢、傅兩次長過談。客去後，約泉兒來談話，察其識解，似有長進矣。實之表弟來談，晚餐後去。王冠青君來談理論研究事，約一小時餘而去。閱四組件，與四弟談話。十一時卅分寢。

2月25日　星期三　陰　六十度

八時卅分起。閱報讀羅斯福演詞，知統一國內意見尚有不少困難，向敵反攻，當非短期內所能望矣。英報所載對印度要求自治之態度，亦語意含糊，民主國家如此拘守常經，不能積極爭取主動，洵屬可憂。難怪我國輿論不無失之激昂也。接俞秘書來電，即覆一電。並致杭立武君函，囑轉告倪米亞爵士可如期於今日成行。又致保君建總領事一電，詢印度各界對委座臨別書告反響如何。十時西昌行轅政治部主任張敦品君來談。今日事閒而雜務較多，兼之昨晚睡不暢，致心緒不寧靜。發愷兒一函，午餐後略睡一小時即起。整理積件，仍覺心煩。讀書片刻，始稍鎮靜。以宋子文先生電轉告蘇方真意轉電，又轉電羅總統九

日來電一件，告運輸改道用空運事。閱六組件二十餘件、外交電六件。六時卅分芷町、毓麟兩兄來談。晚餐後閱四組件八件。十時芷町去，託帶去六百元，託闓師代匯雷川師作生活費。又為沈崇濂留滯惠陽，囑國防會墊匯五千元，並致鄭彥棻一電，十二時寢。

2 月 26 日　星期四　晴　六十度

八時卅分起。繼續整理篋中文件，歸併卷夾，分類標誌，以備查檢。自九時開始，至一時卅分完畢。其中因周佩箴君過訪中輟卅分鐘，又孟海來談工作約一小時，其餘時間均付之翻檢整疊去取之中。如掃落葉，漸掃漸清，心中甚感輕快。天氣亦晴暖，精神亦較數日前為佳也。然午後小睡，竟未成眠，三時即醒。作私函二緘。四時到軍委會參加何總長所召集之談話會，到者十餘人，六時卅分散。歸寓後由辛來談，四弟今日若有不豫之色，不及詢其故。夜閱六組件廿餘件，外交電六件，十一時寢。

2 月 27 日　星期五　陰　六十二度

九時起甘典夔廳長來訪，報告卸任經過及四年來主持川省財政之成績，談一小時去。戴子尼（鶱）來訪，乃為託謀事而來，余初以為報告前方軍情，故接見之，乃大誤也。十一時接電話，知希聖自桂林飛來，遣車往接，十一時卅分到寓。三年不晤，相見時懽喜無量，為述離港經過甚詳，談一小時，陪其至四號休息。余竟以興奮不能

成眠。三時起，沈士遠師來訪，擬聘余為高考典試委員。
陸京士君來訪，談社會部事。旋雪艇來談參政會事與設計
局事及英美借款之用途，約一小時始去。處理函件十二
緘，閱條陳及意見書三件，閱六組件十八件，發昆明電一
件，閱外交電七件。夜希聖來長談。處理四組件九件。
十二時卅分寢。

2月28日　星期六　晴　六十二度

七時起。撰擬童軍創始卅週年紀念（二、廿五）及
十五屆童軍節（三、五）訓詞，於十時完稿。校閱對黨政
訓練班畢業學員聚餐會訓詞，原文甚冗雜，無條理，惟內
容無大背謬處，且為時已迫，明晨即待需用，遂以原稿
（略改數語）送王教育長東原，代為宣讀。覆楊幼烱、陶
百川等各函，今日上午又如此匆匆過去。幸天氣清朗，精
神似較數日前為軒爽。午餐約希聖來談，詢其今後工作方
向。據謂腦病殊未痊癒，容再考慮詳細。又為余談政治上
內重外輕之積弊，謂今日情形頗與北宋時代相似（唐代情
形亦相似，地方無賢良之吏，人人皆趨京師，不及漢代公
卿以出為太守為榮也），故只言加強中樞政治效率，說來
說去還是抓不著癢處也。今日午睡一小時，不甚熟。皓兒
去工務局接洽歸，明日起受委為副工程師。又接八弟電，
憐女將以車來云云。致雪艇一函，附去美款草約密件。閱
六組件，唐組長乃建來談。五時卅分熊天翼來談，盛稱葉
青之才，並談中印、英印關係。六時卅分去，滄波來，約

同晚餐。餐畢，與希聖、滄波、芷町談話，代核四組文件
十四件。十一時散分寢。

3月1日　星期日　晴、下午陰　六十一度

七時起。八時到堯廬，參加國民月會，到各組同事約五十人，賀主任未到，由余主席並訓話，約二十五分鐘完畢。因須舉行合作社社員代表大會，故業務會報停止一次。九時歸寓，到四號訪希聖談話，彼方在埋頭寫作，謂將記述脫險之經過也。十一時送明、樂兩兒入校，皓兒親為伴送赴南岸。午餐後小睡約一小時起，知國華等今日不能到，乃決定歸老鷹岩寓中一省家人。三時卅分動身，四時一刻到達。散步舍外一周，顧甥祖銘來談。夜讀明本釋二卷，宋儒劉荀所撰。與家人閒談。十一時寢。

3月2日　星期一　晴　六十二度

八時五十分起。與允默談家庭事，並囑繪製北碚房屋簡圖，出舍外散步一周。昨晚下雨，今日天氣暢晴，甚覺怡適，十一時乘車歸。十二時到青年團中央團部出席聚餐會，由中央幹、監兩會宴請指導員，到者卅餘人。文白致歡迎詞，稚公致答詞，餐畢已二時。接開監察會常務會議，常委五人全到，通過議案五件、紀律案二十五件，三時卅分畢，歸寓。讀明本釋下卷完，小睡至五時起。閱六組件十餘件。王芃生君來談日蘇關係之觀察。晚餐時由辛來同餐。餐畢與希聖談宣傳綱要等甚久。九時卅分開始處理公事，核閱外交電九件、四組件十二件，十時後徐道鄰君來談行政院事。十二時寢。

3月3日　星期二　晴、午後陰　五十六度

　　八時卅分起。昨晚雖服藥而睡眠不暢，今日精神散漫，終日抑鬱寡懽，亦不自知何以致此也。整理廿六年一月間陝西事變解決經過之文件，囑金書記錄抄為一小冊，親自校讀一過。閱報知爪哇垂危，然荷印軍仍奮勇抵抗，雖軍隊人數過少，然敵寇亦仍未能得手也。閱葉青所編國父全集選本，其編訂去取雖亦煞費經營，終嫌未能完美，欲普通讀者藉是冊以窺國父全部之遺教，恐不易達目的也。又閱葉青所編朱執信選集，題曰「關於三民主義」，朱執信集今坊間已斷版，選而存之，其功殊不可沒。葉氏今任事於贛省三民主義文化運動委員會，聞不日將來渝云。午餐後小睡僅四十分鐘，亦未睡熟。接憐兒自昆明發一函，天真純潔，骨肉之愛溢於字裡行間，展誦三次，不勝悲喜交集。閱六組情報件九件。傍晚鐵城先生來談國民參政會及全國總動員事，良久而去。為六弟預籌出路，久思不得其當。傅次長秉常來，接洽外交部呈件。晚餐後約由辛、希聖談淪陷區經濟金融事。旋閱外交部擬訂之各項規程六件，與四弟及泉兒談，一時寢。

3月4日　星期三　陰　六十度

　　九時五十分起。昨晚睡眠極不佳，起床後覺頭暈而心煩，強自鎮定，亦不能工作，惟閱報及參考消息而已。向午處理私函十餘緘，閱外交電八件。以委座將歸，亦不轉電前方矣。李中襄兄來談全國總動員事甚久。午餐後小

睡仍未熟，起而復睡，睡不熟，又起，周身發冷，頗感疲頓也。林烈敷來，未及見。與四弟談工作，閱六組件，唯果、乃建先後來談。晚餐後芷町來，相與處理四組件約十五件，整理外電備呈閱，又審擬外交部所呈各項規程，約十二時許就寢。

3月5日　星期四　陰、下午晴　六十度

七時即起。昨晚未服藥，竟夜未能酣睡，僅二時至五時睡熟，而五時後即一醒不能再合眼矣。精神極疲倦。閱報及整理各件畢，又試睡片刻，即起。委員長今日將自昆飛渝，十時聞林主席已迎候機場，乃與唯果同往，請其暫回休息，以飛機未開行也。十二時午餐畢後即與芷、果同至機場。十二時五十分委員長及同行諸人均到，余為道藩照料訖，接之來寓。道藩為余詳述旅印期間之經歷與所聞，深為此複雜而不團結之國家憂也。四時往謁委員長，談十分鐘歸。蒙被而臥，睡約一小時餘起。閱六組各件，第七組楊錦昱、左曙萍兩君來，囑叔諒代見之。傅、錢兩次長來談。國華來談。晚餐畢起草為舉行「中國日」致印度民眾短詞。十時五十分寢。

3月6日　星期五　晴　六十二度

八時起。昨晚睡眠較佳，晨起精神亦爽，以印行中之各種消息檢其重要者呈閱，並閱呈外交電數件。陳希曾兄來談，饋我皮鞋一雙。十二時蔣夫人約余往談游印之行

之感想，對印度民眾參加抗戰，仍謂有此可能，並不放棄
其希望。並囑撰三八節演詞一篇。歸寓午餐，午後小睡一
小時起，核定本處上月開支，並處理公私函件，閱六組件
二十餘件，唯果來談卅分鐘。傍晚六時六弟自桂抵渝相
見，悲喜交集。芷町、毓麟、叔時來談，處理四組文件，
以總裁事略中財政部分交芷町改撰之。九時卅分後代擬
三八節講詞，十二時完畢。與四弟略談後即寢。

3 月 7 日　星期六　晴　六十度

八時五十分起。六弟已外出訪友矣。九時到堯廬，
出席會報，與貴嚴主任談話卅分鐘。會報約歷二小時完
畢，午刻歸寓。閱情報，午餐後小睡起，亮疇先生來訪，
談印滇之行經過，並商國防委員會事。蔣志澄君來訪，寄
來陝西米仁一盒，蔡紹牧君所贈。道藩來談整理印度之游
紀錄事，約卅分鐘即去。熊天翼君（新任軍委會委員將赴
美國）來談一小時餘去。唯果來談外交部各事。閱六組件
畢，七時一刻到官邸。今晚宴各常委及中央各部長。委員
長報告在印接見各派領袖經過。九時歸，理處四組文件，
與六弟談話。十二時寢。

3 月 8 日　星期日　陰、下午晴　六十度

八時起。今日精神甚不佳，徬徨繞室，心緒至不寧
謐，亦不自知原因之所在也。為國際宣傳處代閱廣播詞一
篇，心粗氣浮，竟若不能終篇也者。午後小睡亦未熟。閱

雜誌兩種及立夫所擬國家總動員意見一件。沈階升來訪，攜來十二日精神總動員廣播詞初稿，閱之頗覺冗雜，然亦無心為之修改。益世報社長楊慕時來談。旋陳宗熙科長來談。閱六組發文及呈件，處理四組文件八件。夜滄波來談，余甚覺疲倦。十一時就寢。

3月9日　星期一　晴　六十三度

八時卅分起。精神不振，手足發冷，似神經系又失常，因此紀念週未去出席，國防會議常會亦未參與。在寓擬致羅總統電稿一件，又接閱精神總動員三週年紀念廣播詞一篇，略加修改，即交繕正，午後核呈。工作畢，覺發冷更甚，乃於十一時卅分重行就寢，仍未睡著。一時起午餐，二時卅分再睡，僅平臥合眼三刻鐘。此種境界，欲睡而不得睡最為痛苦。午後閱六組情報件廿一件，批表十八件，又簽註立夫條陳總動員一件，接洽雜事四、五件。傍晚心思稍似凝謐，晚餐後處理四組文件十件。今日九妹、細兒來家，未暇與談。校閱今晨講稿畢，十二時寢。

3月10日　星期二　晴　六十四度

八時五十分起。今日精神較佳，以昨晚睡眠頗充足也。作私函五緘。閱報知爪哇已陷，荷印大勢全去，而澳洲亦垂危矣。唯果來談卅分鐘去。接天翼來函，商酌致羅總統函之譯稿，即照其意改正之。午餐後小睡一小時而起。遣望弟往訪天翼，攜去羅函，並取回居里談話等件。

奉委員長交下關於美國借款各件，命研究核辦，為審閱一過，交芷町詳細研究之。四時卅分到官邸一轉，旋至四組覆閱昨日之講詞紀錄，乃委員長核改後發下者也。五時卅分再謁委座，知精神總動員講詞仍須重擬，然時間已極匆促矣。六時卅分憐女回家殊為慰慰。夜準備文字。十一時寢。

3 月 11 日　星期三　陰　六十四度

五時即起。以心中有事，不能再睡也。盥洗既畢，即著手改撰精神總動員廣播詞，但腦力疲倦，初寫一段，尚順利，後又昏昏欲睡，屢次就枕上偃臥養息，愈心急愈做不迅速。九時後隨意書寫，不計內容如何，至十一時後始完稿，即交清繕，然已大疲，須休息矣。但所苦者仍不能睡熟，亦未食午飯也。午後與憐女略談，客來不已。方希孔、方少雲（將赴粵任省委）、張道藩先後來訪。閱第六組呈件。傍晚毓麟來談，芷町攜四組文件十件來，即為處理之。季陶來晚餐，夜間長談二小時。客去即就睡，時已十一時許。

3 月 12 日　星期四　陰晴　六十五度

八時五十分起。今日九時在都郵街舉行精神總動員紀念會，余未往參與。近年見集會更懶於參加，固自知不宜如此冷漠，然身體與工作所限均無可如何也。美借款草約待簽訂，宋先生以第二條，美財長對我用途可提供意見

而我政府有向彼報告（通知）並咨詢用途之規定，以為拖
泥帶水，不如商量刪去之，來電請示，即以原電呈閱。奉
批交孔核辦逕覆。委員長近三、四日不批普通公事，知其
事務冗煩日甚，且或對整個戰局有所考慮籌策，然各機關
待解決之件則不免延待矣。午前為修改精神總動員廣播
稿，又費一番校閱功夫。既畢，自慨以人心陷溺，耽於苟
安，實非文告言詞所能振作也。午後招憐女來談，教誨而
慰勉之。李伯英君來談，請求畀予實際工作。王新命自港
脫險，亦來訪。四時五十分委員長用灌音片向海內外廣播
（今晚去黃山休息）。余在寓閱外交電十件，處理私函十
緘，閱六組件十餘件。滇生來談良久。傅次長來談外交。
旋行政院端木鑄秋會計長及謝耿民來談甚久。六時卅分將
廣播詞最後對而發表之。晚餐時家人賓友滿座，飲酒一
杯，細兒生日也。夜與由辛、芷町談，閱四組件後，與家
人兄弟敘談至十一時五十分寢。

3月13日　星期五　陰、夜有風　六十度

　　八時卅分起。九時劉嶽厚（子琦）來談甚久，並留
呈總裁一函，欲請平反其處分案也。溥泉先生來談保育院
事，約四十分鐘去。自誠來商印委員長訓詞選輯之辦法，
本欲為委員長起草一致前方將士之電，報告印行經過，後
以委員長仍主張以星期一之講詞全篇譯發，乃止。星期一
之講詞長四千八百言以上，內容係述印度之行之感想。委
員長諭令各省黨、政幹部及戰區長官均得讀之，故命拍發

全文，實即電料艱難，拍如此長文，則線路且需半日中
斷，甚可以代電行之，否則亦無妨簡達要點也。午餐後，
小睡未熟，約希聖來談話。囑陳醫官注射EXAMEN 一
針。三時卅分朱君繩先來訪，談監察院近況。彼有三子一
女，均已完畢學業，在同學中可謂福人。今日事甚閒，以
諸兒均在此，得隨時與之談話，故亦不去老鷹岩。但五時
後，諸人均外出，余一人獨留，益甚覺無聊耳。閱六組件
卅餘件，批表五件。今日芏町以余兄弟兒女咸集，且泉將
往蘭州，故備酒餚飼諸人，毓麟來談其計劃，余總覺其太
嚴正，而又略嫌躁急也。九時果夫先生來談一小時餘。與
弟妹等談話，閱四組批表十五件，十一時就寢。

3 月 14 日　星期六　晴　五十八度

七時卅分起。九時卅分詹文滸君（諸暨人）來談。
詹君哈佛大學學生，中美日報之總編輯也。談撤退經過，
甚佩其英勇。旋謝作民君來談，將赴臘戌照料歸僑。又談
海外部某職員被誣事，殊歎人心險惡。謝君談稍久，竺可
楨君來訪，遂不及待而先行矣。招泉兒、憐兒、細兒來談
話，此數日中盡量與兒輩接觸，亦懲從前之失耳。午餐後
約希聖來談，約一小時，見識精卓，誠益友也。小睡未
熟，閱四組件七件、六組件卅件畢，覺在寓徬徨無聊甚，
乃挈細、憐、明、樂歸老鷹岩。臨行為委員長起草覆馬歇
爾一電。七時達山寓，夜甚寒，十時卅分寢。

3月15日　星期日　晴　六十二度

八時卅分起。九時後出外散步，在田間遇林主席，侍談良久。旋訪顧孟餘君，談教育與經濟等，聞高論頗多。十時五十分別家人攜明、樂歸美專街寓。閱外交電數件。午餐後小睡未熟。與九妹、辟塵談話。四時訪亮疇先生，談明日討論參政會事。在亮公客座中遇司徒美堂先生，七十五歲矣，矍鑠如五十餘。惜其操粵語，不能暢談耳。旋往訪熊天翼君，知其行期已定星期二日，談約一小時而歸。吳望伋來訪。傍晚閱六組件，孟海來共晚餐。夜芷町來，商榷美借款用途。接委座電話，囑准備函件。芃生來訪。與六、七弟談至十二時卅分寢。

此二月來工作與生活知追溯（三月十六晨七時記）

自今年一月份以來，余之工作情緒頗閒淡薄。其大半原因，由於睡眠不佳，體力精神日衰。然尚有兩個副因：

一、處理工作輕重緩急往往失當，致事多積擱，心多牽掛一也。

二、兒女職業就學諸事待處理者太多，而二月以前六弟陷港，又無消息，且觀四弟之工作與生活亦多不安，家人情形，常牽懷念。時間精力，不能全部集中於公務，心太紛雜，益增疲勞與失眠，二也。

追溯此兩月有半之生活，殆為入蜀後煩悶最多而對公家負疚最深之時期。應做之事均未速辦，應閱讀之參考

件亦多未讀，每日縈縈擾擾，從雜亂中度去，此境決不可久。行年五十餘，而休養薄弱為此，殊自悔疚，宜即猛省痛改，力矯前失。自下星期起，宜首先作到下列幾事：

一、每日晚間非有必要事宜，十一時就睡，晨七時半以前起；

二、每日事務必須當天即了，未了者記於別冊，宜五日一檢查；

三、對公共生活如集會等宜多參加；

四、宜多訪友，自動接洽公務，勿憚於外出；

五、見客時談話宜盡量簡短，愛惜時間，以積極情緒，涵養精神為要。

3 月 16 日　星期一　晴　六十度

七時起。作私函數緘，並修改致緬軍政當局函稿三件：史密斯總督、亞歷山大總司令、宇巴頓總理（三函內容皆介紹王芃生）。以昨晚睡不暢，覺四肢發冷甚疲倦。就床再憩，卒不能睡。約合眼半小時再起，校正致美海、陸、參三長函（為介紹熊委員），繕呈親簽。復另擬致金海軍總司令一函。向午處理私人函件若干件，午餐後稍息。簽呈委座，告陶希聖君商討工作之經過，四時偕希聖及六弟同謁委座，五時卅分歸。閱第六組各件，與三兒及六弟談話。夜希聖、由辛來談戰局前途與經濟戰，十時卅分處理四組件，十一時寢。

3月17日　星期二　晴　六十二度

七時卅分起。昨晚睡尚酣適，今日天時晴暖，上午精神頗覺舒暢。閱情報件及外電，處理積疊之事四、五件。午餐後小睡，乃忽覺骨節酸痛。三時卅分陳公洽秘書長來訪，談國家總動員法案及經濟會議事，約談一小時始去。酬應之，殊覺吃力。陳君去後，研究參政會件。道藩來訪，談卅分鐘。唐組長來報告星期六會報情形。傍晚滄波來，囑四弟代見。余自閱六組各件畢，始晚餐。餐畢，滄波、希聖來余室長談，芄生亦來訪，談卅分鐘。甚覺囂煩。處理四組呈件，並簽呈戰時政治會議件。十時卅分寢。

3月18日　星期三　晴　七十度

七時卅分起。閱六組件呈十餘件，九時卅分外交部吳世英科長來談約三刻鐘。吳為北平人，現任情報司第二科長，曾任武大教授，年卅二歲，識解正確，而氣度渾厚，似為一可造之材也。處理公私函件十餘緘，寄皋兒貴陽一函。十二時到官邸，參加參事會談。今日到者甚多，馮煥章及于、戴、孫等各院長均到，外部傅、錢次長及鄒希古（亞西司）司長亦同餐，共到二十八人。由博生講敵情，斌佳講歐洲情勢與蘇德戰況，子纓講美國準備戰事及太平洋戰事之推測，謂美之軍力將於明年達到頂點，故此時參加保衛澳洲為防禦攻擊之開始，而真正攻勢當在今秋之後始發動云。其他各人均有發言，席散後與雪艇、公

洽、亮疇諸人分別有所接洽。三時五十分歸寓，疲甚小睡，至四時卅分起。芸生來訪，未及晤談也。傍晚毓麟來談情報專員計劃。同茲來談六弟工作問題。晚餐時，王新命君來談，已飯矣，仍邀之酌酒。餐畢，閱四組呈件九件。公展、百川兩君來詳談文化宣傳工作之佈置，並及物價高漲與經濟管制實施之問題。百川精神激越，謂宜採嚴峻手段，談話甚久。兩君去後，自誠來談業務。十一時卅分始睡。

3月19日　星期四　陰　六十八度

七時卅分起。閱報及參考消息，衛俊如將軍（將任遠征軍司令長官）來談前第一戰區事。十時錢新之、湯筱齋來訪，談趕運券料事。十一時客去，乃覺背寒如冰，蓋昨晚睡眠不足也。服藥一片，於一時卅分登床而臥，至二時卅分起。閱六組批表及呈件。果夫介紹新疆學生蔡宗賢來談。三時研究參政會名額分配，雷儆寰來談甚久。曾虛白偕葉公超來訪。五時王芸生來談。盧滇生來接洽公事。唯果亦來談。七時傅、錢兩次長來訪。今日見客太多，鎮日談話，不勝疲倦。以此知身體於現任工作實亦不適宜也。夜閱四組件，並發表新聞兩則。十時卅分寢。

3月20日　星期五　晴　六十六度　夜雨一小時

八時卅分起。昨晚服 S. Amytal 兩小丸，乃僅睡五小時餘即醒。凌晨飲水一杯，又服藥一丸，再睡二小時，乃

始補足。起床後覺精神稍爽，與昨日完全不同矣。補閱昨
日未完之呈件及發文等，計劃工作分配，並考慮今後之文
化宣傳要點。十一時卅分新命來訪，偕之至四組敘談。
十二時卅分參加黨務會報，到者二十六人。委員長對青年
團工作頗有責備，語意不無激越，知其憂勞甚矣。二時卅
分歸，不再午睡，閱委員長訪印談話紀錄稿七份。三時出
席教、法、經三專委聯席會議，研究非常時期技術人員管
制辦法，決定仍送請秘書廳研究。四時散會，回寓閱批表
多件及六組呈件。夜閱書，洗澡，十時卅分寢。

3月21日　星期六　陰　六十五度

　　八時卅分起。昨晚睡眠又大不佳，以時間計之，不
足五小時耳。晨興極早，而不欲起床，濡滯疲憊，甚感痛
苦。盥洗畢，閱昨晚所留四組各件，竟費一小時餘。又接
手季陶、希聖各一函，讀罷亦常心煩。旁午滇生來談公事
及立法院事，與陳秘書長公洽在電話中商地政署事。午餐
時道鄰來談。餐畢，服藥一丸，乃竟不能睡，勉強合眼至
三時卅分起。今日決心不閱公事，作致家人函多件，夜函
希聖。十一時寢。

3月22日　星期日　陰、下午晴　六十五度

　　八時起。六弟與皓兒赴老鷹岩，原擬與之同往，臨
時忽覺箱篋內各件待整理，乃中止不去。作致默一函，交
皓兒攜去，並囑皓兒轉告憐兒，今後求學之注意點。九時

起，整理篋內文件，分為六夾，對於去年日美談判後及國
府宣佈對德義日宣戰經過各文件均按其性質與時日先後而
整疊之，直至午刻一時許始完竣。下午小睡未熟，心神又
覺煩亂，勉強閱六組呈件二十餘件。傍晚整理書籍。晚飯
不思食，僅進一小碗而已。精神疲頓若此，亦不解何因
也。處理四組呈件未畢，八時卅分奉召往謁委座，談卅分
鐘而歸。核呈食糧兌換券件，十一時寢。

3 月 23 日　星期一　晴　六十六度

　　七時卅分起。其實六時左右即醒矣。九時到國府參
加紀念週，糧食部徐部長作報告，總裁訓話，對銀行界人
員待遇特優頗有責備，指示應改正。十時完畢，與張部長
公權談話，接開八十次國防常會。總裁親臨主席，通過國
家總動員法及美金公債案等要案七件。十二時總裁先退，
孫院長代主席，一時散會。歸寓，金誠夫、李子寬來訪，
留與共飯。飯後略談即上床午睡，未能熟睡，三時即起。
處理公私函件各緘。四時到十七號王秘書長公館舉行談話
會，商參政員改選事。六時卅分歸，孟海來談。夜處理四
組各件，擬改撰文字未果。十一時寢。

3 月 24 日　星期二　晴　六十八度

　　七時前早醒，而藥物效力未過，勉強合眼至八時後
始起。天氣驟熱，甚感激神不支，心緒仍煩鬱亦常。今日
行政院會議，孔副院長到院主席，委座乃不去。孔之病假

蓋已五閱月矣。在寓改撰告入緬將士書，至正午始畢。如此簡單文字，乃費時三小時以上，甚矣腦筋之不堪再用也。第七組楊、左兩組長來訪，談卅分鐘去。午餐後小睡僅卅分鐘，再起再睡，總不能恢復精神。至四時後勉強開始工作。閱六組文多件，覺有甚難解決者。六時唯果來談。六時卅分錢次長來談，接洽外部公事。七時卅分晚餐，餐畢理四組件，又處理公私函件十四緘，接大哥六日來函。夜沈士華偕孟海來談，沈君將赴印度也。自誠來報告卅分鐘。研究食糧券事，十一時就寢。

3月25日　星期三　晴　七十一度

七時卅分醒，八時起。昨晚居然睡足七小時，晨起精神殊爽，與昨日迥然不同矣。盧作孚次長來談約一小時。旋張藹真、陳紀彝二女士來談保育院事。與崔夫人所言卻相反，各執一詞，殊難定其曲直。然共黨之巧點，洵可畏矣。顧次長季高來談財政部事，頗著重稅務行政。午餐後小睡約一小時卅分起。芷町為我約補小嵐醫師來診疾。旋處理六組件，閱四組批表。謝秘書耿民來談，承亮公命來商呈覆件也。夜處理四組呈件十二件，作函四緘畢，十一時就寢。

3月26日　星期四　晴　七十二度

七時卅分起。閱報後招泉兒來談。九時西北科學教育館袁館長軺青來談。作私函數緘，覆大哥一長函，告近

狀。午餐時劉百閔君來談。午後小睡一小時餘而起。服補
醫生之藥一小杯。史維煥君來談起草勞動保險法等。委員
長命作函二緘,一致盛世才,一致陳濟棠,均繕正呈親
簽。四時徐部長可亨來訪,討論食糧兌換券事。與傅次長
在電話中商洽公事。五時卅分道藩來談。晚餐後毓麟、唯
果來談。閱六組呈件十八件,九時趙志游、吳紹澍兩君來
訪。今日軍委會會報,余未出席。處理四組件十餘件。
十一時分寢。

3 月 27 日　星期五　陰　七十四度

七時十五分起。九時同濟大學校長丁文淵君來談。
繕呈報告三件,閱外交電八件,覆函四緘,又為泉兒去蘭
州事作函三緘。趙次勝先生來訪,未及接晤。午餐後小睡
一時餘。賀貴嚴主任來談全國總動員之件。下午天氣鬱悶
異常,閱思想與時代第五期,郭斌龢君之論文內容精湛可
喜。閱第六組呈件。傍晚唐組長乃建為第六組工作事來談
甚久。夜與希聖、芷町談話。九時謁委員長談十五分鐘,
十時約沈士華君來談。處理四組呈件十四件。十一時寢。

3 月 28 日　星期六　晴　七十二度

七時卅分起。接洽沈士華君出國手續,約唯果來
談。閱委座手諭十則,錄其有關者二則:
一、動員民眾及職員自動精神;
二、三民主義週刊改善之要點。

又接手諭，應設理論研究宣傳指導組，並研究外交部人事。十時羅卓英將軍來訪，談卅分鐘。約希聖談話，與之商榷，擬留其在渝任宣傳指導設計事。十一時雪艇來談中央設計局事及其他。午餐後小睡至三時起。為泉兒再致介函三緘。閱六組之審查報告兩件。細兒、憐兒製松花糰，以豌豆泥為餡，食之尚甘美。明、樂兩兒自校中歸。傍晚作簽呈三件。七時往官邸晚餐。到孫夫人及孔眷與顯光夫婦等，亮疇亦來。今日二月十二，蔣夫人生日也。九時餘始歸，與四弟、六弟談話，十一時寢。

3月29日　星期日　陰　六十六度

七時卅分起。今日為革命先烈紀念日，歲月如流，忽忽三十一年於茲矣。中國革命，實為一種復興運動，今日抗戰方殷，如吾人一致努力，撐持此最艱苦之一、二年時間，待反侵略陣營整個勝利之後，中國不獨可完全求得獨立自由與平等，亦必一躍而為東方各民族（蘇聯或不在內）之盟主。目前問題，當然要看經濟有無辦法，而經濟之充實與管制，則又繫於內政，此蓋極艱鉅之工作也。國府今日頒布總動員法，聞將定於五月五日實施，蓋均有深意存焉。九時袁業裕君來訪（錢天鶴同來），談滬上人心歸向抗戰之熱烈，為之興奮不已。九時卅分望弟、七弟等送泉兒上機場去蘭州，旋以氣候惡劣未飛行。沙孟海兄來談。李唯果來為我協助接洽，甚感其惠。旁午陳公洽秘書來談甚久。午後小睡至三時始起。考慮宣傳指導組問題。

閱雜誌一冊,又閱呈六組件十餘件、外交電六件,作函九緘。薛農山、曾虛白來談海外宣傳事。林聖凱君來談工業。傍晚芷町來晚餐後處理四組件,並手諭三件,與芷町商談今後工作之要點。閱蔣夫人為紐約時報所撰之論文。十一時卅分寢。

3月30日 星期一 陰 六十二度

七時卅分起。八時卅分到國府,與到會各委員談洽各事。九時參加紀念週,谷正綱部長報告工作檢討。十時即在休息室謁委座,略談數語。十一時往訪彭學沛次長,勸其擔任設計局副秘書長。詎意彭君堅辭,甚出意料之外。婉述委座借重之旨,至十一時卅分歸。泉兒今日上午去蘭州,諸兒亦各歸去矣。俞秘書長來談。午餐後小睡至三時起。閱印行印度之行評論一冊,閱呈六組各件。皮參謀宗敢來談。五時到王亮疇先生家會商參政會事及法制編纂處事。七時許歸,頗覺忽忽不樂。改農行九週年紀念訓詞一篇。夜處理四組件,沈士華來談,十一時寢。

3月31日 星期二 晴 六十六度

七時卅分起。盥洗畢,閱報及參考消息約一小時。詹文滸君突又來訪,果夫所介紹也。以中英文各一件囑為試撰,以瞻其文字能力何如。十時公展偕董森(為公)同志來談。董君示余國際公法著作兩種,為備函介紹於亮疇先生。向午頗覺疲倦,志希兄來午餐,勸其擔任文化宣傳

工作，詎彼絕不接受。士各有志，人各有心，不勝歎惋之
至。以至小睡耽延，直至四時餘始起，猶悶悶不怡也。王
文伯君來談，知其願就設計局事。傍晚閱六組各件。由辛
來談。嚴兆祖君來談。閱關於印度文件，發表消息，處理
四組件。十二時寢。

3 月份之回溯

本月工作並不多，而余之精神腦力乃不能任重，頗
自疑豈遽衰疲至此乎。十五日曾檢討前半月之經過，記之
於冊，意欲尋抉其至病之根源，而可以修治，並列舉應改
正之要目，今又半月矣，綜合檢點，只早眠與夜睡時間尚
能按照規定，而「當天事當天辦了」仍未能做到，然大致
已較前進步，篋中留牘漸少矣。獨於外出訪友，多方接觸
一節，迄未能實行，而客來訪晤者，接見時仍多作不必要
之談論，且中氣漸虛，多談即感疲勞，此最宜改正也。自
省心思繁亂原因甚多，而家人群集，未得妥善安置，亦為
牽慮分心之一主因，至於最後一星期，則因奉命接洽人
事，諸多乖舛，始悟今日政治界中直道而行之人太少。如
余率直簡易，誠不宜過問實際之人事。以既無技術，又無
耐心也。來日大難，不知叢脞複雜將更何如。而余欲免於
悔疚，何可得乎。計惟有對事則力求簡單，對人則盡量寬
恕，而勗勉治心，以補闕失而已。

4月1日　星期三　晴　六十八度

七時卅分起。到堯廬，與許秘書、於組長等晤談。八時舉行國民月會，到職員四十餘人，為各同人講述國家總動員法之要旨，約卅分鐘畢。九時舉行業務會報，第七組楊、左兩組長亦參加，賀主任往祭軍委會調統局殉難工作同志，未能來會，乃由余代為主席焉。各組輪流工作報告畢，於組長提議應加緊管理勤務兵以保機密，決定再請第三組注意，並派定專人考查之。又決定各組公文按照性質互相移辦及調閱之要點，指定陳組長擔任本月份研究大會之書記。十時卅分散會歸。盧作孚次長來訪，談交通部事。自謂其對國家之貢獻，以在社會方面為多，一入行政界則反而減少，並為續舉事例以證之，其所言實亦有至理也。談一小時餘去。金城銀行戴自牧經理來，面呈報告一份，囑轉呈委座，略談即去。午餐時閱報，詳讀英印問題之各文件。午後小睡一小時餘起，忽覺心思煩亂，似須轉換環境，作二、三日之休息，然明日午後亮疇先生家有會談。四時歸老鷹岩寓，群花怒放，豆莢肥碩，春光漸老矣。晚餐時食園蔬。夜讀思想與時代雜誌，與旦姨及允默談家常。十時卅分就寢。

4月2日　星期四　晴　七十二度

昨晚未服藥竟未能熟睡。五時餘即醒，不得已起服安眠藥二丸，乃得續睡二小時，至九時五十分始起。徘徊庭園間之久，作私函數緘。午餐後小睡一小時，擬往謁主

席，值午睡未起，與鄧秘書長略談。三時返渝寓。四時出
席王秘書長約集之會談，商法制編纂處事，六時始歸寓
（所商者仍毫無結果）。傅次長來談。毓麟來談。七時公
洽來談。八時始得晚餐。餐畢與希聖談話，允在渝任事，
殊可慰也。閱六組件五十餘件，處理四組件十餘件，百
川、可均、青萍等來談，為開先事。十時客去，與六弟談
話。十一時寢。

4月3日　星期五　陰、下午晴　七十八度

　　七時前即醒，再不能入睡，乃起。閱張齡所編力行
日記一冊，蓋撮取總裁平日之言論，而逐日繫一格言以資
儆勉者。覺所搜羅尚未完備。閱外交電二十五件，公私函
件十餘緘，朦朧思睡。適唯果來談，旋陳伯莊君來談，滿
腹牢騷不平之氣，向余傾瀉不已，並陳今後工作之志願與
生活狀況，約一小時許始去。鐵公來談中央黨部各事。
十二時未及午餐，即就枕小憩，乃似不能入睡，似僅睡卅
分鐘而已。起後異常徬徨，又腦脹不能用思慮。希聖以理
論研究及宣傳設計之計畫送來，閱之至快慰。此友能留渝
相助，將為一得力之益友也。福建鄭震宇君來訪，談一小
時去。傍晚作私函兩緘，國華來談。夜謁委座有所報告。
十時卅分寢。

4月4日　星期六　晴　下午雨

　　七時醒，八時起。今日完全睡足，晨起精神即與以

前不同矣。閱報知緬甸戰況漸緊，惟英印頗有妥洽之望，庶幾能成立一戰時體制，以應付日本寇盜之侵略乎。然將來解決之途徑或尚經由中美兩國之斡旋，而印回交相鬮齮，積憾甚深，前途仍未可樂觀也。九時參加本室會報，解決官兵伙食費及夏季制服等問題。與貴嚴談久之。往謁委座，承交下印度材料等多種。又請示訓練等件。今日奉批定五組業務加理論研究及宣傳設計兩項，並奉准五組組長以陶希聖兄擔任，余之工作固不因此減少，然第二處陣容加強矣。回寓一轉後即至四組，辦發代電等四件，又與芷町面酌處理文件五件。一時歸午餐，與芷町、希聖略談。二時就床小憩，醒後作函數緘。忽滄波來訪，不通報而逕入余室，余則為六弟修改簽呈稿一件。陳秘書長來訪，談魯省政府人選事，簽請委座以劉道兄任教廳長。自誠來商印刷事。又聖芬來談。旋蕭化之來訪。談侍三處之工作。康兆民來訪，談學生運動及參政會事。沈祖杖攜件來訪，奉道藩之命也。夜未理公事，與希聖、芷町、由辛等談話許久。十時後閱六組情報及聯合軍事委員會之紀錄六份，又閱蔣夫人之論文，直至十一時卅分畢。即寢。

4 月 5 日　星期日　雨　五十八度

七時卅分起。閱報作函畢，皓兒歸省。九時到新運總會，祭奠韓紫石先生，奉命代表往祭也。委座贈輓聯：「江左人文推老宿，暮年風節重山丘」。係孟海所撰。九時卅分與滄波同車歸。十時到官邸謁委座，送國華等出

行，十一時歸。閱甘地談話紀錄一件。午餐後約希聖來談一小時餘。就枕小憩，至四時卅分始醒。詹文滸來，未晤談。五時沈成章部長來談。六時請補曉嵐醫師第二次臨診。補君去後，處理四組文件十餘件，修改陪都空襲服務隊二周年紀念訓詞一件。八時晚餐，餐畢與志游兄談話久之。接閱宋部長電三件，與六、七弟談。十一時卅分寢。

4月6日　星期一　晴　六十度

八時卅分起。昨晚未服安眠藥，居然亦能睡六小時，但凌晨頗覺頭痛，致未及參加紀念週。旋有客來訪，故國防會第八十一次常會亦未列席也。黃鐘（政僧）攜果夫先生介函來訪，談物價及金融統制事甚久而去。閱第六組情報件三十餘件。午餐後小睡至二時卅分起。三時後頭痛之患完全消除。辦發電稿四、五件，又轉達宋部長來電數件。果夫來談，多屬人事問題，頗怪其何能不憚煩如此也。傍晚亮疇先生過訪，談孫院長主張四月十一日承認韓國政府。今日擬電稿，向前方請示。夜芷町、自誠來談處理四組各件，與唯果談甚久。十一時寢。

4月7日　星期二　晴　七十度

八時起。昨晚亦未服安眠藥，睡眠稍差，然亦斷續睡六小時以上，起床後略感疲暈。詹文滸君來談，勸其赴昆明服務中央日報，侍從室中一時無可安置也。實則詹君之英文寫作能力尚不合要求。十時赴大公報社訪胡政之，

談由港脫險經過及此後大公報經營方針，兼及時事。頗覺此公胸中磊塊不平，益念鸞之純粹為不可多得也。誠夫、子寬兩兄弟出見，匆匆未詳談。詢芸生，知尚未起，從政之口中，知其社中內部問題尚多，且有不滿芸生之語，而謂彼自己將常在渝主持筆政云。十一時卅分歸，順訪鐵城先生，未及晤。蕭自誠來談印刷事。午餐後希聖來談今後之工作方向，以「我們的理論出路」一文再交修潤之。二時午睡，至三時卅分始起。念近日事情稍簡，宜至山中休養兩日，乃將應辦各事略予料理，作函札四、五緘，處理外交文電等多件，交金書記辦發。又閱六組批表多件。五時卅分杜月笙君來訪，談統一委員會移地設辦事處及接救港滬撤退諸友之辦法。此君義俠而又周摯，堪為心折。七時卅分晚餐畢，收拾行篋，徑回老鷹岩山寓。八時五十分到達，以途中車多，故行稍緩也。與允默等談家常，服補醫生丸藥，十時寢。

4月8日　星期三　晴　七十四度

七時醒。昨晚未服安眠藥，而睡極佳，約睡足七小時。以無事乃再睡，至八時五十分起。略進早餐畢，往謁主席，報告近日軍政外交諸事。主席病體已復原，血壓僅一七〇度矣。談約卅分鐘而出，過楚傖家，遇之於途，遂立會議廳前立談久之。楚傖謂閒居太無俚，頗望作一點簡易之工作也。午餐食自種之豌豆，鮮美異常。午後仍小睡一小時。今日天氣頗熱，略有眼痛。閱盧冀野中興鼓吹及

奔納氏運動法。與省吾、學素通電話，知國華等明日即將
返渝，則余亦不得多作休息矣。十一時就寢。

4月9日　星期四　陰晴、下午雨　六十八度

七時醒，八時卅分起。學奔納氏運動法，未明其逐
段之正確作法。起床盥漱畢，正擬動身，而吳文藻、謝冰
心伉儷及顧一樵來訪，坐談久之。十時十分始啓程，十時
五十分到達。與四弟談參政會等各事。下午彼等有一聯繫
人之會議也。閱希聖所擬「當前之文化運動」一文。午餐
後小睡至二時起身。粵財廳長張導民來談。又滬法院推事
查良鑑來訪，由六弟代見之。今日午後事閒，而心極繁
雜，徬徨無聊者數小時。外部傅次長來談。夜希聖由辛來
長談。毓麟亦來談。閱外交電。十時卅分寢。

4月10日　星期五　陰雨　六十四度

七時卅分起。昨夜未睡熟，一時許起，服藥二丸再
睡，六時前即醒。閱報載印度問題似有趨於解決之勢，然
日人圖印日亟，恐已緩不濟急矣。為蔣夫人修改「新中國
之成長」譯文，譯者筆墨故作縈繚繞，又不能忠實達意，
且其英文根柢似不佳，故每次修改極費力。聞其人為王家
棫君，余曾囑顯光約其來談，冀當面指示之，而顯光終不
轉約，亦不知何故。即為此次之譯文，誤譯者三處，皆坐
無人指點，不細心以致誤者。全文十四頁，約三千言，修
改畢，已逾午矣。潘公弼君來訪，談南洋撤退及旅印之經

過，此後擬留渝工作云。午餐後小睡一小時餘，精神仍未全復也。閱第六組情報呈件多件，處理公私函札十餘緘。芷町病寒熱，請假四日，四組件由學素、仲佳送來，為親自處理之。望弟來談，二十六日為大嫂七十生日，電積剛姪代送壽筵一席。五時黃任之君來談，謂將赴湄潭，囑為請示，並談募債委員會結束事。于斌主席教偕楊慕時君來訪，談教廷與我通使事。七時委員長自緬甸前線歸，即往官邸謁見，談十分鐘。委員長此行至臘戌、眉茜、曼德里，九日回昆明，行期共六天。晚餐後俞國華君來談緬軍事狀況。孔先生函送英方所擬五千萬鎊借約草案，即為送呈之。十時卅分就寢。

4月11日　星期六　陰晴　六十四度

七時五十分起。昨睡約六小時，不甚酣，起床閱報，略有腦暈。八時五十分奉召往官邸，委員長口授要旨，命擬電稿（致羅斯福、邱吉爾）。歸來起草，以雜事間之，至十一時始完畢。王亮疇先生來談。旋蔣夢麟君來談。十二時四十分午餐，餐畢小睡，至二時餘起。閱六組情報件，並辦理批發文件。四時到四號開會，商談下午訓練計畫，到書貽、東原、果夫、道藩、均默、立夫諸人。文白、雪艇以事缺席。商定結果，推書貽草報告，七時卅分散。晚餐後閱四組文件多件，處理私人函札若干件，閱印游材料，辦電稿譯改件。十二時寢。

4月12日　星期日　晴　七十六度

　　七時五十分起。報載英印談判竟爾破裂，克利浦斯撤回其聲明，殊屬不幸。此後敵人更無顧忌矣。十時竺藕舫校長來訪，談時局及浙大校務。十一時公展兄來訪，談最近宣傳部進行諸事及文化運動事。午餐後小睡殊酣，直至三時後始起。孫院長對印度問題向美記者發表談話，國際宣傳處送請總裁核示，奉諭不必發表，想孫必將不快也。閱六組呈件二十件，處理四組文件及發文十五件，又處理函札五件。與七弟談話。晚餐後閱游印評論等一百餘頁。十一時就寢。

4月13日　星期一　晴　八十二度

　　七十卅分起。發泉兒及啟煦姪各一函。八時到國府參加紀念週，總裁出席，而未講話，由王雪艇部長報告宣傳業務的檢討，約一小時完畢。偕董君顯光同車歸。以昨晚睡不酣適，稍覺精神萎散，但閱讀各報頗能迅速得其要領，知腦力漸健矣。閱六組各件及軍事會議（英美軍官參加者）之紀錄一份，費時甚久。午餐後小睡一小時而起。四時沈仲九先生來談。五時李超英君來談。自誠來接洽講稿事，甚厭其不遵手續與系統。七時唯果來談週刊事。晚餐後希聖、芷町來談甚久。實之來談中央常會事。處理四組件畢，就寢。

4月14日　星期二　陰雨　六十四度

五時醒，昨晚雖服藥一丸有半，而睡眠仍不佳，不能復睡，遂起。修改二十七年講演稿四篇，至八時卅分完畢。即送還自誠。為六弟改呈稿一件。又作私函數緘。旋自誠來談，十時後覺疲倦，服藥一丸半再睡，良久始入寐，至二時醒乃起午餐。然起居顛倒如此，生活之不規律已甚矣。四弟來談，勸我諸事勿過認真。四時許汝祉、周子亞兩君來談，皆中政校之高材生也。楊雲竹、沈宗濂先後來訪。六時錢次長來接洽公事。傍晚毓麟來談，余對之有失態之言。夜希聖來談，處理六組件卅餘件，四組件十餘件。與六弟談甚久，十一時卅分寢。

4月15日　星期三　陰　六十四度

昨晚雖服藥少許，而睡眠仍極不安，晨五時即醒，強欲令睡，終不可得。試奔納氏體操後，六時卅分起。處理日常事務數件，九時卅分實不能支，再就床睡亦未熟，徬徨煩悶之至。亮疇先生欲來談，以病謝之。午餐後小睡二小時始起。精神稍復。接奉委員長手諭多件：

一、物色人員編教育哲學及政治哲學史；

二、擬對泰國聲明；

三、中央訓練團下半年短期及高級訓練要旨；

四、其他。

殊感接洽辦理之不易。閱六組呈件二十餘件，處理私函若干緘，核辦四組呈件八件。夜舉行時三小組會議，

介紹陶組長於各同志。九時卅分會畢，閱呈「文化運動」
及「經濟理論要旨」。十一時寢。

4月16日　星期四　陰　六十四度

七時卅分起。昨晚服AMYTAL三丸，而清晨六時即
醒，藥物無靈，至此可嘆。九時偕希聖與六弟往大公報祭
季鸞，上午精神頹散異常，天氣陰沉，愈令人鬱鬱不樂。
董為公、陸京士來，均未接晤。午餐後再睡二小時，體力
漸見恢復。寄雪艇一函，商對泰宣言事。改訂九中全會講
詞，寄還自誠。四時盧滇生君來談。五時亮疇先生來談，
旋外部傅、錢兩次長來，遂與亮疇先生共同會商外交部人
事件，至七時完畢。閱六組、四組件，八時晚餐畢，希聖
來談。旋蔣夫人招往談話，示余以其近作論文二首，攜歸
閱讀，為加評而函還之。與六弟談話。十一時寢。

4月17日　星期五　陰　六十四度

六時即醒，七時二十分起。作函數緘，八時到堯
廬，八時卅分舉行研究大會，請道藩兄來講印行見聞。十
時卅分會畢，往謁委員長，報告各事。十一時到四組，約
芷町談事。十一時卅分到官邸，陪亮疇先生見委座。為立
法院請修正法規制定標準法事，奉諭從緩。十二時舉行參
事會談，郭、陳、張三君作報告，一時卅分完畢。與公
洽、雪艇、鐵城接洽諸事。二時卅分歸，小睡至四時起，
精神全復，與前昨兩日如屬二人。上海法院推事查良鑑來

訪，談話殊不投洽。又辦理雜務數件，傍晚修改蔣夫人對美志願隊講詞。夜與芷、果談話，核辦四組件。十一時寢。

4月18日　星期六　陰　六十五度

七時卅分起。昨未服藥睡眠尚佳。閱六組情報件，九時到堯廬，參加本室會報。芷町以事缺席，討論第一組及三組案七件，二組於組長、五組陶組長均略有報告事項，十一時散會。歸寓一轉，公弼來，談商工作問題。十一時五十分到官邸，出席黨政會報，討論五四紀念辦法及中訓團下年訓練計畫。在會報席上，聞美機今日炸東京、橫濱、名古屋、神戶。二時卅分歸寓小睡，至三時五十分起。趙志游君來談。五時卅分彭浩徐君來商談設計局之工作。六時卅分芷町來，核閱第四組呈件多件畢，八時晚餐。自誠來談。夜與實之及六、七弟談。十一時卅分寢。

4月19日　星期日　陰雨　六十四度

八時起。昨晚未服藥睡足六小時。為詹文澔君作介紹函二緘，致公弢及八弟。詹君將赴昆明任中央日報事也。閱沈仲九君關於訓練之意見，繕呈委員長。十時洪瑞釗君來，談三民主義青年團宣傳處工作與編審工作，約一小時餘離去。午餐後與希聖兄討論文化運動進行方法。二時就睡，三時起。四時到官邸，偕學術審議會蔣夢麟、竺

可楨、馮友蘭、胡庶華、茅以昇諸君晉謁委員長，敘談約
卅分鐘。五時到四組一轉，即歸。閱六組各件。七時卅分
晚餐。閱四組件。苓西兄來訪，談約一小時餘。讀書一小
時，十一時卅分寢。

4月20日　星期一　陰晴　六十六度

　　七時卅分起。昨晚仍未服藥，約睡五小時，尚屢醒
也。八時到國府以頭暈未參加紀念週。今日海外部劉部長
報告。九時出席國防委員會八十二次常會，決議國家總動
員會議組織條例，中央各機關主管人事人員考核辦法及統
一檢查與改訂進出口物品規則等案及財政案十二件。十一
時十分散會，歸寓處理函札數緘。午餐後與四弟談文化與
宣傳，小睡一小時餘起。閱第六組批表多件，又閱六組情
報件二十餘件。六時由渝動身回老鷹岩。閱秉農山競存論
略。十一時寢。

4月21日　星期二　晴　七十八度

　　七時卅分起（昨未服藥睡六小時餘），似覺精神頗
爽適。巡行舍外田陌間曝日光，覺春光已老矣。歸讀舊書
卅餘頁。接委員長電話，詢孔學會訓詞事。午餐後又小睡
約一小時起。三時偕允默同車歸渝。以六弟之孤雛多人不
日可到也。渝市炎熱已如初夏。四時卅分楚傖先生來談。
旋傅次長來接洽關於承認韓國政府事，請其以書面報告，
先呈委座核示，並略談他事而去。夜處理四組文件，與芷

町談金融經濟事項。洗澡，十一時寢。

4 月 22 日　星期三　晴　八十五度

七時卅分起。昨晚未服藥，不能入睡，至一時卅分始服 Sodium Amytal 三顆，然亦僅睡五小時，六時後即醒，余之失眠症現狀如此，洵屬離奇而不解也。今日天氣驟熱，又受失眠之影響，頭暈神疲，絕對怕煩，竟日如此，午後尤甚，心跳甚劇，只能偃臥籐榻，亦不能入睡。上午陳延祚銜孔先生命來談孔學會事，下午孔學會開成立大會，因心跳未往參加，致違委員長之命，心甚不安也。傍晚閱六組晴報件，唯果來談週刊事甚久。夜處理四組件，芷町陳述糧政意見甚久。十一時寢。

近日生活之回溯

余此三週來睡眠失調，又值氣候轉變，身體精神頗受影響，欲振作而不能，欲寧靜而不得，腦際若有兩種矛盾之力量交互牽掣以為祟也者。古人所謂「忽忽若忘」，其情景殆與余近來所患相類似。一言蔽之，可謂事簡而心煩。事簡云者，近來交辦之件並不多，除須出席會議及接見賓客以外，每日閱六組呈件及批表不過費一小時，處理四組各件不過費二小時，加以處理半公半私之函札一小時，最多亦不過四小時而已。然每日實際治事之時間雖不多，而心中欲想處理之事則甚多，此皆比較疑難而擱置已久者。因神經失常，往往披卷徬徨，不能下手。又或開始

辦理，半途輒止，因之心中無一刻閒空，無一瞬安寧，此
最足影響身體。今時事日艱，天氣日熱，余之精神與工作
或將更不相應，非打疊精神重訂生活規律不可。此後宜從
勉強治心入手，必須每事即到即辦，即思即決，勿過拘
泥，勿過審眷，而後分內之事不致多所曠廢。尤應自信精
神尚未至不可治癒之境，切莫因循過去，徒自痛苦也（四
月二十三日晨）。

4月23日　星期四　晴　八十八度

七時卅分起。閱參考消息多件。王化成參事來訪，
談今後條約司之工作，約卅分鐘去。閱孔學會特刊之文字
五、六篇，鮮有佳者。致博生、芸生、慕時、子星及時事
新報各一函，為介紹紐約時報之論文也。考慮三民主義周
刊之主持人選，擬從唯果意，約楊玉清擔任之。十一時周
象賢君來訪。午刻陳武鳴仉儷來訪。午餐後一小時餘起。
閱第六組文件多件。四時到第四組閱呈文件十餘件。五時
五十分傅次長來接洽公事。今日精神較昨為佳，由睡足之
故也。致邵力子先生電，閱對泰宣言稿。夜讀新人生觀。
十時卅分寢。

4月24日　星期五　晴、向午陰　七十八度

七時五十五分起。昨服安眠藥二丸，但效果殊少，
僅睡五小時即醒，不能復睡而起。起後精神疲散異常，氣
候突變潮濕，壓迫筋肉部感覺，關節作痛甚烈。上午絕對

無力做事，即作函亦覺視力昏花。此身體真將不堪從公矣。向午小睡一小時，午後四時又睡半小時。閱六組呈件多件，餘時讀「新人生觀」。六時乃建來談六組今後之工作。傍晚處理函札多件。夜陳公洽秘書長來商總動員會議文化組事。閱呈四組件。十時卅分寢。

4月25日　星期六　雨　六十八度

昨晚服藥三丸，睡稍酣，晨醒猶有睡意，直至八時三刻始起。複閱希聖所擬當前之文化運動一文，擬為修改，客來未果。處理函札數件。覆公展一函。辦理手諭交辦事三件。賀貴嚴兄來談國家總動員會議事。午後天色陰晦，天雨不止。又小睡一小時餘。近來失眠而又嗜睡，此矛盾現象不知何日解除也。接力子敬日來電二件，即覆一電。乃建來談甚久。閱六組件。傍晚七時與四弟、實弟及效實同學設宴為君誨先生祝壽，德哥亦來同餐。八時餘散席，閱四組呈件，並閱呈芏町對金融糧食研究之件，又閱立夫存呈。十時卅分寢。

4月26日　星期日　晴　七十一度

昨仍服 Luminal，睡眠平常，七時五十分起。閱六組批表二十餘件。讀報知緬戰益亟，我軍正馳援激戰也。委座命擬覆羅總統一電（羅有來電告飛機接濟情況，廿四日由比賽爾上校呈），呈核後，電宋部長轉去。葛覃（挹純）來訪，談話不合方式，面為指正之。十一時立兄來

訪，談文化運動及國家總動員事，並及其個人志趣，至一時始去。午餐後小睡甚久，四時許始醒。四弟、六弟來談。五時後毓麟來，談日蘇關係之研究與對泰宣言及敵和平攻勢之無聊。唯果亦來談甚久。晚餐後處理四組各件。芷町、國華先後來談。十一時七弟來談，願出國任事。十二時寢。

4月27日　星期一　陰雨　七十度

八時卅分起。昨睡甚酣（服藥伊普拉二丸半）。今日精神較爽，然工作殊無足紀述。閱立夫兄當前之文化運動，意欲簽擬審查意見，而未能完篇，蓋腦力薄弱殊甚，而心思不能集中也。閱四組昨晚留呈之件。午餐後小睡至四時許始醒。六弟之子霸兒、巽兒、棣棣自桂林飛機來此，其姨氏馮夫人同來，自此六弟亦了卻一件心事。四時卅分亮疇先生來談。五時卅分雪艇來談。閱六組呈件二十餘件。七時晚餐後，與希聖略談。閱四組件十餘件。涂公使葆叔來談。與四弟、六弟、七弟等談話，直至十一時五十分就寢。

4月28日　星期二　晴　七十度

八時卅分起。視六弟諸孩皆有個性，霸兒甚解事，代為喜慰。楊玉清君來談三民主義週刊事甚久。俟二卷發行期滿後擬改為半月刊，由楊君主持之。十一時方善堉來訪，雖置身闤闠中，而識見極正大，與之晤談甚久。十二

時蔣夫人約往，談女子教育及今後世界改造之理想，贈余
藏香一大束。一時歸午餐，餐畢休憩至三時後始醒。董為
公君來談，有意入外交部任事。客去後閱六組件，擬作文
化運動報告，而未就，心思仍不能集中也。傅秉常次長來
談。夜處理四組件畢，與六弟閒談。十一時寢。

4月29日　星期三　晴　七十四度

　　八時起。昨晚仍服藥，睡眠不甚佳。八時許仍朦朧
思睡，而又不能睡。下午小睡一小時餘，醒時之景象亦如
此。故終日昏昏，心思不能集中，作事不能迅速，腦力之
衰頹甚矣。閱報載羅總統呼籲全國節約之咨文，返視我
國，偷玩如此，可為一嘆。起草頒發我們的理論出路之訓
令一件，由第五組辦發之。公洽來談貿易調整局及省政府
機構改革案，約一小時餘始去。午後閱希聖所著「中國經
濟立國規模之不變與必變」一文，引古證今，論議殊富。
閱六組件十餘件、四組件十件。李中襄君來談。貴嚴先生
來談。十一時寢。

4月30日　星期四　晴　七十四度

　　八時起。昨晚未服藥，終夜僅睡四小時餘而已。上
午閱關於總動員之各件及四弟所摘存之材料。再讀「經濟
立國規模」一文，寫所感而歸之。擬第五組頒發經濟理論
基本論點之代電二件、箋函二，交省吾繕辦之。發表嚴振
岳（黃岡人，四十歲）為五組少校組員，從希聖所請也。

午餐後小睡，仍未熟，服Ipral 一丸，俾發生鎮靜作用。
閱六組件十餘件。蕭自誠來談參謀會議之情形。孫兆梅送
來十九年事略增補稿及五組擬發關於文化政策之代電三
件。傍晚錢次長來詳談。夜處理四組件。段書貽來談。簽
繕立夫所呈新文化運動建議方案。十一時寢。

5月1日　星期五　陰、下午晴　七十五度

八時起。昨晚睡最酣適，連續約七小時未間斷，故晨起精神較佳。以尚有積件待理，故未參加國民月會。九時謝秘書耿民來訪。十時張參事子纓來談，約卅分鐘而去。閱雜誌兩種，作私函數緘。午餐後與希聖談組務。小睡至三時許起。潘公弼君來談，勸其擔任總動員會議文化組事。四時徐景薇君來談，接洽國防最高委員會之工作。閱六組件二十餘件。傍晚唐乃建君來談。夜處理四組呈件十餘件。卅七軍軍長陳沛偕王惜寸來訪。旋滄波來談，不待通報排闥直入，甚厭之也。準備總動員文件。十一時卅分寢。

5月2日　星期六　晴　八十度

五時卅分即醒。以昨晚服 Bromiral 二丸，此藥於我身體不甚相宜，服後不但不能安眠，且生反作用而感覺煩躁也。以時間尚早，勉強鎮靜，再睡約一小時許，七時五十分起。盥洗畢，閱報及參考消息後，即著手起草國家總動員法實施之廣播詞。腦力疲滯，思慮煩亂，至十二時勉成初稿，約二千六百字。略進午餐後休息，已一時餘矣。文字既告完成，睡眠乃覺酣適。三時卅分起，疲勞漸復。閱六組件十餘件，致亮公一函。四時到國防會，參加關於國民參政員問題之談話會，朱、吳、王、立、陳均到，五時散會歸。閱四組呈件。夜繕呈譯稿。十時寢。

76　陳布雷從政日記（1942）
The Official Diaries of Chen Pu-lei, 1942

5月3日　星期日　晴　八十四度

　　八時起。今日星期，擬休息一日，以連日又有疲勞之象也。皓、細、憐、明、樂均回家，六弟全家及七弟均在此，故寓中異常熱鬧。鈕惕生先生介紹羅正緯（字達存，行政院參議）來談，囑祖望代見之。羅君湖南老儒，注意國故，主設立學院以挽人心，留呈總裁一函而去。十時錢新之君來訪，談交通銀行事。慨人事支配之難。孔欲以浦心雅任副經理，而錢不願。旋亮疇先生過訪，談約一小時而去。決定簽請總裁任徐象樞為國防會參事，主辦編審法制事。午餐後休息一小時起。修改國家總動員廣播稿，突患寒熱，背痛頸酸，有僂麻窒斯之象。六時始著手，七時修改完畢。夜閱外交電多件，十時卅分寢。

5月4日　星期一　晴　八十四度

　　七時五十分起。患僂麻窒斯，肩胛之左端牽掣作痛，因之未去參加紀念週，並致函雲光，請代向王秘書長請假。旋得覆函，寄下本日第八十三次常會議事日程。計有：

　　一、預算編審程序；

　　二、設置緝私署於財政部內及公務員生活必需品定量分售辦法等案。

　　點閱而存儲之。十一時到官邸，與潘文華君談。旋謁委員長請事今日廣播事，以委座事繁，不及報告其他事項。出至四組巡視，並約自誠來談。歸寓後閱星期日委員

長對緬境戰事之演講一件。午後小睡一小時，閱六組批表及呈件。晚餐後閱四組文件十餘件，與希聖、芷町談。九時後閱新世訓。十一時寢。

5月5日　星期二　陰晴、昨夜雨　七十四度

八時卅分起。昨晚服藥，睡足八小時以上，精神似完全恢復，然喉頭腔炎，頸項僂痳窒斯，則未癒也。閱馮友蘭新世訓兩章，覺文字即僵硬而不自然，在作者之意，或以為語內合邏輯，更必合現代西方文法，乃堪為學術論文，其實此為一偏之見。文字之道，在使人易讀易解，不發生歧解為主，故寫現代文者誠不可不通西方文法，然亦不必拘泥於一辭一句，乃至排列順序亦須為西洋的也。中國何嘗無文法，中國文法何嘗不合邏輯，但必運以中國文字之工具，而不違背民族語言之習慣，方使人易讀易解。馮君通人，乃不解此，殆亦有所蔽耳。十時謝耿民、徐景薇再來訪，即作函致錢新之，囑景薇帶去。為擬約景薇來國防會任參事，主辦編審法制。午餐後小睡至三時起。閱川康甘寧青考察團報告及總評一厚冊。閱六組表件十餘件，又閱四組呈件五件。六時傅秉常次長來談我國對英、蘇兩國應有之態度，並為張司長（美洲司）謙求見，談約一小時而去。傅君發語緩而冗複，聽之極費力。晚餐後陳組長芷町、唐組長乃件來談，討論今後之戰局。薩孟武君來訪，談研究部事。閱張道藩君送來之文化建設計畫等件。十一時寢。

5月6日　星期三　晴　八十二度

八時卅分起。為委員長代電唁居覺生先生喪明之痛。其子伯強，學陸軍，服務汽車工廠，三日在西安逝世。十時王雲五先生來訪，談商務書館出版計畫及參政會事。贈我書中山大辭典「一」字長編一冊。十一時立夫來長談關於保育院事，本黨婦女運動及文化運動等事，又為李仲公事合致周惺甫部長一函。上午便如此匆匆過去。考核委員會五次會議亦未遑赴會也。午餐後小睡一小時。閱六組件二十餘件。三時曾養甫兄來談緬甸前方軍事情形，一小時餘而去。晚餐後理四組公事。鄭亦同君來訪。客去後讀新世訓完。十一時寢。

5月7日　星期四　陰　七十二度

八時起。委員長連日開空軍會議，日無暇晷，奉諭文電不必呈閱，請示之件堆積甚多，已旬日以上矣。以電話約陳組長，囑其清理後於今日為之代批若干件，分層負責，於義固應爾也。閱希聖兄所撰「經濟的道理」一文，貫串古今，頗有見地。覆道藩兄一長函，論文化運動不必另立何種哲學根據，及唯生哲學一名詞未能號召之故，言之不覺切直。全文長二千餘言，寫罷手腕為酸。不知道藩讀之能不見怪否。薛農山、黃樹芬來訪，均未接晤。下午與希聖談甚久，陳啟天來談參政會事，約一小時去。客去後小睡，乃至五時始醒。閱六組文件約廿件，處理私函數緘。夜代批四組呈件二十餘件，與六弟談話。十一時寢。

5月8日　星期五　陰、晚晴　七十二度

七時五十分起。霸兒侄等已於七時出發赴成都矣。留寓匝旬，頗復愛憐之，今別去甚有寂寥之感也。董霖再來訪，與談二十分鐘。陳克成君來，不及與談。十時赴通遠門馬超俊君家，吊其太夫人之喪。歸後閱外交電多件，與祖望談組務及勤務兵管理事。午後小睡不熟，二時後即起。三時李幼椿、魏時珍兩君來訪，談川康建設學院事。張道行來訪，意欲求余進言，改任外部參事，惡其干進，正言斥之。旋果夫來，談其衛生醫藥計畫及電影劇曲計畫，並及黨務，約一小時半始去。閱六組件畢，晚餐。夜處理四組件。十一時寢。

5月9日　星期六　晴　七十五度

八時起。九時到堯盧，出席本室會報。到賀主任、陳、於、陳、唐組長。陶組長因事未到。賀主任主席，議決本事生活費調整辦法等各案。十一時散會，與賀主任談總動員會議事及滇邊軍事，約卅分鐘而歸。閱來函八件，心煩未予處理。午餐後小睡，至二時卅分起。今日僂麻窒斯仍未癒，且頸項與左偏頭神經仍牽掣作痛，手指顫動不能作事。省吾為我謄繕回憶錄（二）冊，為校讀而藏庋之。鄭震宇署長來談地政署進行諸事及土地法修正之理由，約一小時卅分鐘始去。閱六組各件。並處理四組件。九時卅分謁委座，十時歸。洗澡，十一時寢。

5月10日　星期日　晴　八十四度

　　八時十分起，傴麻窒斯症稍瘳，仍服阿陀方藥片以
治之。指示四組發代電二件，其一為保山縣之賑款也。九
時周佩箴先生來訪，談農行事及其他，約一小時而去。十
時曾養甫君來訪，談印緬大勢。以為此時最希望美國能派
充分之陸軍，遣來援印，則印度之局勢可見鞏固，而反攻
緬境驅逐敵軍亦易為力也。反覆言之，囑為轉陳於當局。
十時卅分潘公展君偕宓季方君來訪，談宣傳及人事等件。
言鄭亦同君有意出國充外交代表，今日同志多懷出國之
想，亦以國內人員擁擠且不甘後就之故。此後生活日艱，
以人事相干求者必更繼起不窮矣。客去已十一時卅分，閱
報數種，上午便如此草草度過。午餐後天時漸燠熱，小睡
至三時醒。七弟來談，亦商出國事，其志在赴美洲，余以
為如出國應至南美，以彼處敵人勢力甚盛，宜有通悉日本
情事者駐隨使館以司研究也。發私函數緘，又閱定四弟所
為審查報告五種，送四組辦發之。四時卅分唯果來談，已
旬餘不來余處矣。六時卅分始去。傍晚覺耳中有異狀，囑
允默測照之，則左耳聽道變窄，不知何故也。夜處理四組
文件八件，十時後六弟來談今後之工作。十一時卅分寢。

5月11日　星期一　雨　六十九度

　　七時卅分起。天氣驟寒，陰濕不舒，遂未去紀念
週。聞總裁今日親臨而未講話，想見其專心軍事也。九時
周惺甫部長來訪，談滇事及內政部諸事。十時卅分去。閱

中常會本日之議案，其中修正省執行委員會組織法案較重要，餘皆例案而已。閱各報及參考消息與敵人廣播。午餐後請吳醫官來診視耳疾，以聽道有障礙，昨晚更甚，然吳君謂不關緊要，略敷油膏治之而已。小睡至三時一刻起。夢中處理文件，醒後猶能憶之。近來事務並不繁重而神經乃脆弱至此，何耶？寄啟煦桂林一函，勸其改營商業，筆墨生涯不足以為活，於今更非惜比矣。得道藩覆函，論文化運動。余日前去函，所言過於率直，道藩乃不以為忤，其雅量可佩。閱六組批表五件，研究緬境軍事，深為我尚未突圍之戰士憂之。鄭震宇君送來簽呈一件，請示地政署進行要項四端九目，皆不易解決者，為標摘要點送四組列表呈閱。又作簽呈二件，為高宗武及張仲仁請經費。傍晚得旋卿師逝世之耗，為之悲慨久之。夜處理四組呈件十一件，閱甘肅新縣制實施概況等小冊子。十一時卅分寢。

5 月 12 日　星期二　陰　七十度

八時五十分起。作簽呈數件，整理待辦篋中之各件。體弱腦疲，手腕不能寫字，偶寫二、三百字即趨僵木疼痛。請吳麟孫君診視，則謂係僂麻窒斯之現象，無他患也。閱六組批表及敵方廣播消息，戰氛日惡，而英相昨日演詞竟未提中國隻字，遠東抗戰之局殊可憂也。午餐後僅小睡四十分鐘。二時到陶園戴宅，出席中政校常務委員會。未開會前聞戴夫人來渝，即往訪談十餘分鐘，儼然出家人矣。到季、果、藩、立及余五人，討論議案七件。以

戴君健談，歷時甚久，七時五十分始散會。歸寓晚餐後，處理四組文件，與希聖談久之。十一時寢。

5月13日　星期三　晴　七十四度

八時十分起。委員長約往談，命擬致宋轉告羅總統電，擬令我方在倫敦太平洋作戰會議停止出席，口授要旨，對英國憤慨即深。並言或將召回駐英顧大使，可於電中言之。回寓後仔細考量，甚難著筆。九時卅分鐵城來談黨務，約一小時。余今日耳疾未痊，又昨睡未足，腦筋既疲亂，而右手腕僵痛幾不能作字，勉強寫成電稿半段，終覺事太重要，心極不安。十一時雪艇來，談一小時，力言此電最好不發。雪艇去後，先將電稿寫成，自行謄繕，又另作簽呈一件，說明此舉甚少積極之作用，轉多消極方面之弊害，請委員長再加考慮。既辦理畢事，已將三時，略進時即睡，至五時始起。杜月笙君來談。夜甚疲倦。芷町來談徵購糧食問題。十一時寢。

5月14日　星期四　晴　八十六度

八時十分起。昨晚仍服安眠藥（十二晚未服，乃次日疲憊在此），睡眠較佳，各種痛苦略減，心境亦較平易矣。劉同縝君來川謀事，特來訪談，欸如之子也。觀其儀容志趣，平正而篤實，擬為之介紹工作，亦不欲以煩委員長也。閱報知德蘇戰烈，蘇軍或將不支。德日會師之野心其欲蠢動乎。午餐後小睡一小時餘。致吳、王秘書長等

函，並請傅外長今日停止會晤，以余不堪冗長之談話也。接蔣夫人電話，為吳國楨事。沈成章部長來談卅分鐘去。呼匠理髮，精神為之一爽。閱六組呈件卅餘件。傍晚芷町來，今日外交部會餐，亦辭不赴約。晚餐後處理四組件，閱新理學，與四弟談，十一時寢。

5月15日　星期五　晴　九十度

七時卅分起。上午閱報，辦簽呈數件。發力子先生電。今日睡眠尚足，精神亦較佳，耳際炎腫已癒，惟右手尚不能寫字，略有僵木之感耳。午餐後小睡至二時卅分醒。再閱新理學一章，讀報論文多篇。又閱中央周刊五四紀念號，誠如四弟所言，將本題拋棄，而喧賓奪主矣。四時閱六組呈件卅餘件，皆無甚重要者。唯果來談外交部各事。知七弟有赴南美洲之望，惟願其有成也。夜芷町來談處理四組各件。九時徐可亭部長來談糧食部事，大有辭意。十一時卅分寢。

5月16日　星期六　晴　八十八度

七時五十分起。接黃山電話，約午刻前往談話，知為偽滿、外蒙正式公布劃界協定成立事，乃邀希聖來共商宣傳方略，並搜集二十九年十一月與去年四月兩次聲明文件。十時劉多荃將軍（芳波）來訪，談十分鐘去。十時三刻赴儲奇門，與亮疇、雪艇同渡江，十一時三刻到達。商承委員長對滿蒙劃界不特發聲明，並研究此後日蘇關係及

亞陸戰局。二時渡江歸。三時到寓小睡，一小時半起。閱
六組各件，處理公私函件。毓麟、七弟等來談。皓兒亦歸
寓，以今日為星期六也。夜處理四組件，核發致張主席
電，讀書至十一時寢。

5月17日　星期日　雨　七十二度

　　九時卅分起。大雨如注，終日不停，氣候儼如深
秋。天空如墨，益使精神沉鬱多感也。上午詳讀各報，研
究戰局推移，對浙江情形懸念不置。大哥全家在金、永之
間，不知其心緒又將如何煩亂矣。閱毛澤東所謂整頓三風
之講演詞，顯見共黨內部存留不少之弱點。午餐後與希聖
談如何針對現勢而作振奮人心之宣傳。一時後午睡，至三
時起。校定楊幼炯君論文二篇，送三民主義周刊發表。閱
黨政考核委員會五次會議紀錄一厚冊。夜無事，讀周易。
十一時就寢。

5月18日　星期一　陰　六十九度

　　七時四十五分起。盥洗畢，即赴國府參加紀念週，
已開始五分鐘矣。近來早晨常貪睡不能起，殆由精神漸
衰，而安眠藥連續服用太久之故。然晚間雖十一時前就
寢，亦必至十二時後始能入睡，大抵距離二小時半以上，
藥力始能發生作用，亦不知其原因何在也。今日紀念週由
沈成章部長作業務報告，約四十分鐘完畢。退席時晤蕭青
萍君，以地政署事問我，語氣帶質問式，答言不遜，事後

思之，彼固無禮，而余亦失之驕躁，此後殊不可不痛自檢
點也。九時接開國防委員會第八十四次常會，決議六月
十四日（美國國旗節）政府機關懸掛聯合國國旗，以示團
結友好之意；又議決法制案四件、任免案一件、財政案
十六件，十一時十分散會歸。十二時午餐後略休息，即至
立夫家舉行獨立出版社董事會。到楚傖、立夫、溯中及余
四人，張九如列席報告社務。溯中多所質問，直至四時始
散會。歸寓後閱第六組批表卅餘件，又情報件二十餘件。
積祚來談，為孟弟謀事，致徐柏園君一函。聞希聖之友曾
資生已到，擬約其入五組，為希聖之助。夜處理四組呈件
十件，與芷町談話一小時餘。本週學術研究會請亮疇演
講，作函邀請之。十一時卅分寢。

5月19日　星期二　陰晴　七十四度

　　七時卅分起。處理私函數緘（發細、憐兒一函），
劉同纈君來訪，即為備函介紹於國際宣傳處工作，不知能
有容納之方法否也。近來人事接洽加忙，蓋亦必至之趨勢
矣。約陶希聖君來談，簽請以曾資生為第五組秘書。閱參
考消息，浙東敵三路向南侵犯，諸暨當在劇戰中。午餐後
小睡一小時餘醒，接溯中兄來函，為獨立出版社事。旋六
組送來情報二十件、發文稿四件，即批辦之。約省吾來
談，旋約子猷來談，詢生活及工作，並激勉之。傍晚傳、
錢兩次長來談。夜處理四組公事畢，頗覺忽忽不樂。六弟
來談。十一時寢。

5月20日　星期三　晴　七十度

　　七時卅分起。天氣暢晴，睡眠亦足，故今日精神較佳，心緒漸定，諸患亦逐漸消除，惟腸胃甚不暢，腕力亦弱耳。九時一刻委員長約往談，交下「新省獨石子石油康邊區」之件，命摘要呈閱，並詢近來外間一般情形，略為報告。十時回寓，閱芷町所擬之「財政金融改革紀略」，備編入總裁革命史略者，與徐柏園所擬者對照之。又閱參考消息各件。十二時參加參事會談，與亮疇、秉常同謁委員長，請接見英大使，以委座言無暇見之也。二時散會歸，小睡至三時卅分起。閱六組呈件十餘件、外交電等多件。唯果來，談下午會見薛穆之經過，兼及他事。昨、今兩日明兒患瘧疾，幸熱尚不高。傍晚芷町來。夜處理四組件。閱黨務件。十二時寢。

5月21日　星期四　陰晴　七十二度

　　七時五十分起。九時蔣經國君來談巡遊西北之經過。此君堅毅明達，殊不多得，而其禮教周到，則又家教然也。本欲留之久談，嗣知其今日將赴桂，乃結束談話。客去後閱黨務三年計畫及卅一年度中心工作計畫，商於鐵城先生，以卷帙繁複，請送由常會決定，暫不必呈總裁，得其同意，遂退還之。接洽薛穆請見事。午餐後閱六組件，小睡至三時始醒。頭痛又作。何浩若君來談物資局計畫，其言殊夸。胡政之、王芸生兩君來訪，談太平洋戰局。芸生以為積極策動日蘇戰事，且須防英、美旁觀，其

憂思至深。佩箴來未見。唯果來談。七時到貴嚴家晚餐，宴盛世驥君，主客七人。九時歸，閱四組件，十一時寢。

5 月 22 日　星期五　陰　七十四度

七時四十分起。八時到堯廬，八時卅分舉行全室研究大會，請亮疇先生蒞會講演戰後之國際關係，歷一小時完畢。惜結束時太匆促，然聽者均感興味不淺。今日到會者之踴躍，亦前此所未有也。九時四十分會畢，至貴嚴室中小坐。歸寓後閱報及參考消息等，處理函件五緘。午餐後小睡至二時卅分起。閱二十九年日記。覆大哥一函。閱六組情報件卅餘件。心緒忽又感疲煩，至傍晚更甚。閱四組呈件及批表十餘件。夜服阿特靈。九時後心稍寧定。徐柏園來詳談一小時餘。擬致邵大使電畢。十一時半寢。

5 月 23 日　星期六　陰　七十三度

八時起。今日精神更不佳，右手僵痛亦較劇，決意靜攝一天，不見客，亦不處理積疊之工作。閱報後即就床小憩，睡熟約一小時，十一時起。閱六組送來由波斯灣經蘇境運輸略圖一件。將昨日所擬致邵大使一電閱定後發出。十二時再就床僵臥，又睡熟半小時以上，二時起。與允默談家常雜事。六組件請唐組長代閱之。廖茂如來訪，四弟代見之。五時延同鄉茅伯康來診疾，處方一劑而去。六時卅分芷町來，處理四組呈件，至九時畢事。十時一刻寢。

5月24日　星期日　陰、下午晴　七十五度

八時卅分起。閱報及參考消息，知浙境戰事更劇，東陽、義烏、浦江均危急，金華殆不可守矣。省府遷松陽，不知大哥等移地何處，縈念不置。十時唯果來談，察其語意，若有所不懌也者。七弟來，為接洽請見委員長事，函交際科請排入下週見客單內。午後覺精神仍極疲散，知近日斷不能照常工作，不得已呈請委員長給病假三天。閱六組批表，並處理公私函札十餘緘。從諸弟之勸，下鄉休息。於四時卅分偕默與明兒同歸老鷹岩。傍晚散步山中約一小時。夜讀舊書，至十時即就寢。

5月25日　星期一　陰晴

八時十五分起。昨晚以為已到山中，環境幽靜，遂未服安眠藥，詎至二時即醒，不能成眠。至三時後，則心漸煩躁，縈念工作，百慮交集，無法排遣。不得已燃燈起覓阿特靈一丸服之，始漸漸睡去。然早晨六時即醒，勉強合眼靜息，至八時乃起。今日天氣陰鬱而多變化。午前躁熱，午後潮冷，身體與精神均頗受影響。四周雖極清靜，而余之胸次則仍未能廓然無掛礙也。右手腕仍作痛，兩次以樟腦油塗之，略見鬆癒。練習正楷五百字，自百字以後即疲斜不整，知腕恙之難癒矣。午餐時平玖甥女來。飯後小睡僅四十分鐘即醒。出舍外步行約四十分鐘。擬訪丁、葉二先生，過門未入，恐以閒談引起閒思雜慮也。視察防空洞後，遂歸寓。讀昭明文選自遣。四時委員長電話來，

索閱四聯總處業務改進方案，即以電話囑四組鄭組員就近檢呈之。傍晚閱中央日報，燈下檢讀舊書，終不能澄思定慮。允默今日亦似有小病，然其心力較強於余，仍鎮日操作不輟也。今日一天休養結果，殊無裨益。今年精神之衰，神經患之加劇。真非意料所及也。十時寢。

5 月 26 日　星期二　上午陰、下午晴

八時起（昨晚服 Amytal 三丸，亦僅睡五小時餘而已。屢睡屢醒，終不酣至也）。精神與昨日相仿，惟心思略定。本欲稍理積件，但一動手又覺注意力不能集中，尤以眼球疲躁為苦。出舍外散步良久，到會議廳廊下巡迴步行約十餘週。望竹樹蔥鬱作深碧色。目為之明，而心亦寧謐矣。祖望來函，送到酬應件，即核閱寄回。下午接委員長官邸電話，詢余何日歸渝，知必有事待辦，只得及早銷假矣。右手腕仍不能用力。夜閱報，知金華城殲敵千餘，可喜。十一時就寢。

5 月 27 日　星期三　晴　八十九度

七時五十分起。病狀殊未減，然假期已滿，且委員長以電話見詢，遂提早於上午九時動身，偕明兒回渝。十時許到達，知正午有黨政會報，恐精神太疲勞，乃不出席，在寓偃臥靜養。今日晴熱，幸尚有風。文白兄來訪，閽者辭以病，遂未接晤也。午餐後小睡一小時。與希聖兄談軍隊宣傳事。四時到四組閱公事。五時四十分謁委員長

（自陸大訓話歸），陳明銷假，並報告病狀。八時到官邸
會餐。今晚約四行重員十餘人，商議四聯總處改組各事。
九時四十分歸寓，十一時就寢。

5月28日　星期四　晴　九十二度

　　八時起。今日精神仍散漫，惟心尚安閒。在室內休
息，有急要事則辦理之，預計如能照此相當休息旬日，或
病體亦可復原乎。午前閱報後讀邱吉爾演講集，作為消
遣。鐵城先生送來東北抗敵協會訓詞一篇，潘公弼君所起
草，余腦力未復，不暇為之修潤也。午後致顯光一函，請
其撰擬卅一日對美國陸軍節日廣播稿。午後小睡一小時。
天氣甚熱，幸有風，尚不鬱悶。閱六組呈件八件。唯果來
問疾，可感。夜處理四組件。閱老舍所著大地龍蛇劇本。
十一時寢。

5月29日　星期五　陰　八十度

　　八時起。今日天氣驟涼，余精神仍疲滯，但散漫雜
亂之象則漸減矣。仍決心以半日之時間完全休息，或起或
臥，隨意所之，如此養息，或逐漸收效，未可知也。閱曾
文正讀書錄及日記。十時到牛角沱祝驪先兄五十生辰。遇
熟友多人，與景薇、國燾談各半小時歸。仍讀書，午後小
睡較久，三時起。有腹瀉，四時再延補曉嵐醫師來診病。
旋金誦盤君來談。閱六組情報約二十件。六弟來話別，明
日將去桂林。七弟亦來談。夜處理四組件二十餘件。簽呈

高級班訓練計畫。讀書至十一時寢。

5月30日　星期六　陰雨　七十五度

六時起。送六弟動身赴桂，惘然有惜別之意。改定東北抗敵協會訓詞一件。上午本室會務會報，請假未出席。往視四弟之病，閒談久之而歸。覆憐兒一函，頗致嘉勉。午餐後希聖請假去南岸寓中，僅余一人，殊覺岑寂。小睡一小時乃起。今日心境似更寬閒，胃疾亦稍瘳矣。顯光送來廣播稿兩篇，時促不及修改，遂寄還之。今日未閱六組情報，閱批表五件。四時滄波來談。六時由辛、毓麟來談，留其晚飯。夜處理四組件。閱希聖改正之「經濟的道理」稿，微覺有不妥處。閱情報機關服務規程。十一時就寢。

5月31日　星期日　雨　七十二度

七時卅分起。今日精神亦尚佳，改定六三紀念訓詞一篇。皓、樂兩兒昨日歸，與之略談。正午接委員長電話，詢病狀，並諭外交部人事室應即設置，即派鄭震宇為主任云云。午刻注射防疫針，適在右臂，反應甚強，又艱於提筆矣。午後小睡至三時起。閱經濟的道理，覺有應修改者。閱六組呈件二十餘件，批表卅餘件。近來情報工作視昔為緊張矣。與希聖談七七宣傳事。今日芷町未來，閱四組呈件，僅五件而已。夜唯果來談久之。十一時寢。

6月1日　陰雨　七十二度

昨晚服 Ipral 三丸，睡眠殊酣，七時卅分醒後又睡，至九時始起。今日國民月會，以養病休養，故未出席。承委員長命，將對美軍民廣播詞再為斟酌修改，繕正發出。又承命起草致羅總統一電，為商撥DC4運輸機事，今日未核發也。正午芷町來，處理四組件兩件。午餐後又小睡至三時起。閱六組呈件卅餘件。亮疇先生來談各事及秘書廳事務。晚餐後葉北平來訪，意在作駐外武官。旋實之、四弟來談。發致子文電，告聯合國日之節目。讀書至十一時寢。

6月2日　星期二　陰　七十二度

八時卅分起。昨晚睡亦酣適。連日天氣較涼，失眠之患漸減矣。為膳食問題，翁、竺二人不負責任，浪費無度，不知監督，招來室內切戒之。望弟近日頹唐日甚，余甚悔招其來此工作。古人言，親戚不可用作部屬，出入隨便，工作不力，使我受氣之處實不少也。然近日余心氣已漸寬和，責備後即亦此心泰然不惱怒矣。上午閱報讀書，未作他事。午餐後與希聖談理論宣傳及文字與思想之關係，約一小時。旋小憩約一小時。寄允默一函，告病體逐漸恢復之狀況。閱六組批表兩夾，核發文二件，又閱六組情報約十件。傅、錢兩次長來談五十分鐘。騮先來談一小時。客去後晚餐，已將八時矣。核四組件十件。夜招四弟談，閒談甚久。閱陝甘滇黔考察團報告書。十二時寢。

6月3日　星期三　上午大雨、下午晴　七十八度

七時五十分起。八時五十分到國府，出席全國總動員會議全體會議。今日除雪艇外，所有會員全數出席。報告案四起，議決法案三件。委員長主席，略有指示，十一時十分散會。余出國府後，即至官邸謁委座，報告數事。午餐後小睡未熟。天氣漸熱，心緒又略感煩躁。致亮疇、公洽、果夫各一函，商地政署事。閱批表二批，共二十餘件。修改糧政會議訓詞。傍晚似略有寒熱，與人談話不免流於激越。夜處理四組呈件。芷町、自誠來談。續改訓詞紀錄完。疲甚，洗澡就睡已十二時。

6月4日　星期四　晴　七十八度

今晨嗜睡特甚。考核委員會六次會議，請假未出席，睡至十一時十五分始起，可謂罕有之晏起矣。閱報後即午餐。午後閱參考各件後又睡約四十分鐘。張道藩君來訪，談文化運動、訪印紀錄及中正校近事，約一小時餘。旋楊玉清君來訪，商三民主義半月刊體例等。楊君去後，翁詠霓部長來談關於甘省油礦及河西軍政等件，以新疆石油經營之件面交其攜回研究。閱六組件。晚餐後閱四組呈件，又閱外交電等多件。無意就睡，閱舊時紀錄等，至十一時卅分寢。

6月5日　星期五　晴、夜大雨　八十四度

八時起。近日懶散不振殊甚。今日又苦悶熱。上午

整理物件，督飭役人屬行清潔。閱參考消息及外電多件。
午後小睡一小時許起。接允默函，對我心境惡劣慰譬甚
至。實則余對公家職務實有未盡之處，此疾惟自知之。蓋
身體狀況，非易為一般人言，亦不能作為自恕之條件也。
軍政部派燕某持函來商七七文字，加倡導兵役一項。四時
公洽秘書長來談地政署長事。傍晚毓麟來談甚久。夜處理
六組件及四組件。十一時五十分寢。

6月6日　星期六　陰　七十七度

八時卅分起。研究三主義半月刊之編輯方針，思之
久之，稍有所得，未能具體寫出也。分致芸生、博生、子
纓、芃生、秋原諸君函，徵詢七七文告之意見，並請各擬
要略見示。午餐後與希聖談甚久。寫簽呈二件，改定三
民主義半月刊之發刊詞一篇（楊玉清君所撰）。午後九
妹、憐兒自校歸，皓兒亦來，與彼等談話約一小時。積
明又發熱，樂兒伴送之歸寓。閱六組件六件，處理四組
件十五件。夜唐乃建組長來談戰局與中蘇日關係。十一
時卅分寢。

6月7日　星期日　陰、下午雨　七十八度

八時五十分起。作函數緘。十時趙志游君來談，言
即將去昆明，主持賑委會工作，對救濟歸僑問題頗有討
論。又談往事，勸余注意病狀，勿忽略，十一時卅分後始
去。閱參考消息多件。午後二次注射防疫針，仍小睡一小

時。起而感覺頭昏眼燥，甚為不舒。天氣陰濕，旋大雷雨下雹，禾稼不免受影響矣。致鄭震宇函，勸其對地政署事勿消極。閱六組情報各件，審查報告一件。夜八時委員長宴印度官員沙福業、秘書李卻生、愛默德。余往作陪。九時三刻歸。處理四組件。十二時寢。

6月8日　星期一　陰、下午晴　七十八度

八時卅分起。未去出席紀念週（今日賀主任報告總動員法）。午前無事，四弟來談甚久。辦代電數件外，並處理私人函件，閱外交電二十餘件，處理參政會件，並閱薛農山赴印視察報告一件。午餐後小睡一小時起。閱六組批表及呈件約卅餘件。毛健吾（大剛報社長）來訪。四時呼匠理髮。奉委座電招往官邸談話半小時歸。翁部長來訪，談新疆事及中蘇易貨事。傍晚公弼來談，留其晚餐。夜唯果、芷町來談，處理四組件，擬電稿一件。與七弟談話，商彼結婚事，十二時寢。

6月9日　星期二　晴　八十度

七時五十分起。天氣漸熱，略有頭暈現象。七弟再來談。九時卅分盧作孚次長來談驛運計畫及輕便鐵道建築之必要。據彼所言，我國鍊鋼廠之生產能力已足應付鋼軌之需要，如能聯絡水道公路，而更以輕便鐵道貫通之，運輸問題不難解決也。再度核閱立夫所呈文化建設大綱，將審查意見酌予修改，費時一小時。午後小睡起，覺頭痛。

閱六組情報件三批。傍晚與四弟談話。晚餐後往訪公洽秘書長談至十時歸。處理四組各件。十一時卅分寢。

6月10日　星期三　陰　七十八度

九時起。以昨晚入睡太遲，今晨朦朧不能醒。偃蹇頹唐至此，真宜猛省自振矣。午前閱報及參考消息外，未作他事。郭葆東（泰禎）來談。復初先生有肝癌之症，擬赴蓉就醫，囑代請假。午餐後又休息一小時始起。閱六組呈件多件，辦簽呈一件，閱呈翁部長蘇新石油協定審查報告。擬赴四組小組會未果。張元夫君來談甚久。其見解似不甚明晰，談新疆關係，竟謂主義問題應從寬大，實未見癥結也。辟塵來談，不欲調任，為作函致柏園，希望挽回。芷町來，處理四組件十五件。秦振夫來談。十二時寢。

6月11日　星期四　陰、夜雨　七十七度

八時卅分起。理私函數緘。十時卅分應委座之召，偕希聖過江去黃山謁談。十一時卅分到達，先在余室休息，十二時登山晉見。談戰局、文化等等，商榷經濟理論甚久，而於哲學之研究指示獨詳。委員長之意以為：「吾人之哲學實為一元的。此一元即是太極。繞馭心物。依余自身所體驗，實為行健不息之天體。現時講太極，講陰陽，近乎易理，能了解而接受者恐不多。實際宇宙萬物，自有盈虛消長之理。例如四時之運行，春夏秋冬，時序不

同，其景象與功用亦不同。一舒一斂，遞相嬗續，而循環不已。此即變易與不易。吾人惟當認識其恆久之理，而應其變易之象，把握其『時』而以自強不息之工夫應之。孔子說：『君子而時中。時乎春夏則春夏，時乎秋冬則秋冬。此天行之理。亦即人生之法則也。』」一時卅分午膳畢，仍略談文化宣傳理論。二時卅分乃偕希聖同歸。休息一小時許起。閱六組呈件，接諸友送來七七書告要點，閱之覺疏緒甚多。五時卅分傅、錢次長來商人事室等問題。七時晚餐，七弟備饌享諸友。德哥、實弟來會餐。飯後德哥留談一小時，頗有嗟老憂負之語。十時後處理四組件，三時畢，起草致天翼電。一時寢。

6月12日　星期五　晨豪雨、陰

十時一刻起。昨晚入睡當在二時以後矣。曾文正謂：習勤自不晏起始。甚矣，余之憊且惰也。約四弟來談青年團紀念日告青年書之要點，囑其代為準備。並發函數緘。午餐後小睡至二時卅分起。三時往訪吳稚暉先生，稍坐即偕之同車過江。以委員長近日獨居山中，囑陪同吳先生前往盤桓一、二日也。四時十五分到達，即同至山舍，謁談極懽。六時乃與委員長及稚公同出散步，到汪山開眺久之而歸。八時晚餐後再談卅分鐘，乃回雲竂住宅。十一時寢。

6月13日　星期六　陰晴　七十五度

山中寂靜，昨晚未服藥，而睡眠甚酣。至晨猶貪睡，起身時已八時五十分矣。雲窠之環境清幽異常，窗外竹樹圍繞，碧色映目，令人眼明而心澄。十時自誠來談。十一時偕稚公再至委員長處，委員長與稚公談太極一元之理，稚公以詼諧之思，闡宇宙之理。謂世間萬物曰真、美、善，然求真太過則自私，求美太過則好勝。此善心所由泯，而惡業所由起。委員長聞之每為欣然稱快。午餐畢已二時，回室休息。俞秘書長來談。五時渡江歸寓。浙糧政局魏思誠（見山）來談。果夫來長談一小時餘去。夜處理四組文件。文白兄來訪。十二時寢。

6月14日　星期日　晴　八十六度

八時卅分起。昨晚服安眠藥少許，而睡中屢醒。今晨略有頭暈。處理函札數緘。對「聯合國日」之慶祝典禮亦未及參加也。魏菲爾將軍自印度電委座致賀（為聯合國日），奉命擬電覆謝之。十二時奉召往謁委座，報告數事。委員長擬下午去成都。一時午餐注射第三次防疫針。二時許乃忽覺頭痛發冷，四肢作酸痛，腰部尤劇。蒙被而臥，至三時後轉熱，測之為三十九度二。昏沉思睡，其症狀頗似瘧疾。吳醫、陳醫兩次來診，服奎寧丸及撲瘧母星丸。晚間九時後熱似稍退，然仍在三十八度左右也。

6月15日　星期一　陰　八十一度

　　清晨試熱仍為三十七度三，略有頭痛，其他亦無所苦。但九時後熱度又增高，測之為三八度二。昨晚曾取血往驗，結果無瘧疾現象，於是吳醫等乃大疑懼，以為病因不明，然余自亦無他，想係在黃山被瘧蚊所惱之故也。入川將四年，未患瘧疾，可見抵抗力尚強，亟投除瘧劑，必可痊癒耳。今日下午國華、貴嚴、平遠等去成都，亦未及往送矣。八時測熱，仍為卅八度二。吳醫與金誦盤君先後來為余檢查。食粥一碗事後乃就寢。

6月16日　星期二　陰晴　八十二度

　　五時醒，測熱度為三十六度七，蓋已復常溫矣。九時吳醫再來診，囑仍服治瘧之藥，亦不必打針。然病後體力殊憊，寫日記兩天，乃若不能舉筆者然。仍處理四組文件十餘件，並以外部覆墨西哥外長電轉告宋部長。祖望作事不合我意，殊可憾也。接讀暟兒、憐兒各一函，午餐後小睡僅一小時即醒。閱張其昀君政治教育論文集，又閱新理學一章。今日開參政員資格審查委員會，恐病後不堪久坐，未出席。夜四弟、實之、孟祈、滄波先後來談，旋七弟來談。十一時寢。

6月17日　星期三　陰　七十八度

　　八時卅分起。昨晚服藥一片半，而睡眠不佳，屢屢驚醒。可見余之睡眠已非藥物所能見效也。熱度已復常

溫，仍服止瘧藥以防萬一復發。午前閱報及外交電多件，
處理雜務，並囑咐竺副官注意秩序訓練。與四弟孟海等談
家鄉事，本擬往訪亮疇先生，知不在家，乃中止。午餐
畢，覺悶處斗室甚無聊，乃於一時後回老鷹岩。在主席官
邸前略走高坡，即覺足軟，知體力未復也。下午未睡，閱
十八家詩鈔。夜時時卅分寢。

6月18日　星期四　上午雨、下午陰

晨醒後復睡，至十時五十分始起。可謂遲起矣。夜
不成眠，而上午貪睡，乃今年特有之現象也。今日為舊曆
端午節，余以六十圓交美專街添菜，以二十元賞僕人食
肉，而余及余婦乃常肴四碟而已。戰時生活只有自己履
行，不能責之人人耳。午後小睡卅分起。四時後極悶熱。
閱報後甚感心煩，出外散步。過楚傖家小坐，食角黍一
枚，坐談久之。胡展堂先生夫人來訪，乃辭出歸寓。讀
十八家詩鈔。夜無事，閒談家常。十時就寢。

6月19日　星期五　陰晴　八十度

七時起。接委員長自成都長途電話，囑發沈士華一
電，即告祖望擬稿拍發。十時由老鷹岩動身，十一時回美
專街寓。四弟來談，閱第六組情報件卅件。午餐後小睡一
小時許起。作致諸兒泉、皋、塏、憐函各一件。第五組添
用司書李朝晉今日到組辦公。午後讀閱第六組情報二十餘
件。近日上饒、鷹潭連失，浙贛路戰事甚烈也。五時公展

兄來談獨立出版社等各事。傍晚閱四組文件五件。今日午後發桂永清一電。夜希聖來談。十一時寢。

6月20日　星期六　陰、下午晴　八十五度

八時五十分起。精神懶散不振，左眼珠周圍作痛，喉頭略有炎腔，足部亦有隱痛，又覺諸病叢生矣。如此頹衰，何以作事，不勝慨然。閱第六組關於軍統局預決算報銷之件及發文數件，費時約二小時。內容固複雜，而余腦力之疲亦可見矣。午餐後小睡，沉睡直至三時卅分起。喉腫眼痛仍未癒。又閱六組情報件卅餘件。五時往訪亮疇先生，談一小時而歸。國防會秘書廳近日略有風波也。夜由辛、希聖來，研究歐亞大勢及戰局。旋芷町來，處理四組件。乃建來談。十一時卅分寢。

6月21日　星期日　晴　九十一度

八時起。今日天氣暢晴驟熱，晨起即感腦筋漲痛，仍處理函札十餘緘，既畢，覺疲軟不能支。皋兒來函，謂余第二日之心神不振，往往由安眠藥之剩餘作用未完。細思其言，亦似有理，乃再偃息若干時。測熱為三十七度一，蓋略有微熱也。以電話與委員長通話，詢蘇聯抗德周年紀念應否去電，奉諭不必。午後三時王惟石秘書來談甚久，頗有意於地方行政工作。七弟來談婚事之準備。自申刻後天時更熱，不能作事，閱書而已。夜處理四組件十五、六件。芷町、唯果來談。至十一時寢。

6月22日　星期一　晴、傍晚雷雨　九十一度

　　七時卅分起。以事多積擱，未去出席紀念週。發寄泉、皋、鎧各一函，又寄五妹一函。又核定三民主義半月刊徵文通函稿及名單，即寄楊玉清君。作簽呈二件，待委座歸時呈閱。又辦出待覆之函四件。今日上午工作約四小時，不甚覺疲勞，精神似較健爽矣。午後小睡未熟。三時後悶熱殊甚。閱六組件十餘件。道藩來長談學校事，並送來印遊紀要等稿件，約二小時餘始去。晚餐時大雷雨，天氣轉涼爽。與芷町、希聖閒談往事。處理四組件，改訓詞稿一篇。十一時寢。

6月23日　星期二　陰、下午雨　八十四度

　　六時醒，七時五十分起。略有頭暈，昨晚睡殊不佳也。天氣轉涼，晨興時僅八十二度而已。閱報及參考消息後，忽覺疲倦異常，測熱知略有熱度，不得已服安眠藥再睡，至十一時起，乃始退熱。核改甘地來函譯文一件。午餐後委員長自成都歸來，往官邸謁見。歸寓後又休息一小時，閱六組情報件約六十件，多而且雜，殊費力也。傍晚下雨，天時更涼，毓麟、平遠兩兄先後來談。平遠之氣度見解足令人敬佩。九時閱四組文件畢，委座召往談，有所囑咐。歸後致外交部兩函。事畢，十一時寢。

6月24日　星期三　雨　七十七度

　　七時五十分起。委員長關於甘地十四日來函事有所

指示，即以原函轉電宋子文先生供其參考。作函數緘，並
與四弟商告青年書之要點。十時許忽感疲憊，小睡一小時
餘起，乃覺精神恢復。今日氣候又如秋季，炎威全退，頗
覺爽適也。午餐後不思睡，寫籤呈二件，又檢呈道藩送來
之訪印紀要與附錄等件。四時卅分唯果來談。五時洪君勉
兄來談文化政策事甚久。此一問題甚難言之。夜閱批表十
餘件，處理四組呈件十餘件。十一時就寢。

6 月 25 日　星期四　陰　八十一度

　　八時五十分起。今日精神倦怠，骨節週身疼痛，至
感不舒。軍校政治部秘書陳粹芬來訪。閱報及參考消息
後，即無力作事。十時卅分乃就床再睡，然不及一小時即
醒。午餐後喉端腫痛，又續睡一小時餘始起。疲頓至此，
殊出意料之外也。郭復初先生來訪，言將赴成都，並談最
近外交與國際局勢。盧滇生君來談秘書廳事，表示求去之
意。竭力慰勸之。傅、錢兩次長來接洽公事，談一小時而
去。閱六組呈件卅餘件。傍晚由辛來談。晚餐後與四弟商
文字。旋芷町來，處理四組文件十餘件。九時往見委座商
七七書告內容。歸寓研究覆甘地函件。十二時寢。

6 月 26 日　星期五　陰、夜雨　七十九度

　　八時起。昨晚入睡甚遲，安眠藥服後必待二、三小
時後生效，近來已非一日矣。盥洗畢，改正致甘地函稿，
即繕呈。又辦發關於訓練團高級訓練班籌備事之代電二

件。與四弟談商文字。十一時盧作孚先生來訪，談鄒秉文君願任農業方面之工作。十二時舉行參事會報，前往出席。委座對北非戰事略有指示。二時卅分歸，倦甚小睡，至三時卅分起。接季陶長函一緘。閱第六組呈件二十餘件。閱昔年七七書告。夜芷町來談。滇生辭意仍堅。十二時寢。

6月27日　星期六　雨　七十八度

七時前即醒，以睡意未退，再臥至九時始起。甚矣，余之憊也。以昨日注射針藥，今日喉頭炎腫竟已全消，亦一快事。上午覆季陶一函，並摘集關於抗戰書告之材料。此次文字真覺措詞之不易。戰局範圍愈廣，對國際形勢之闡述，詳略均難得當。諸友代擬之要點，大半無當於委座之意。余胸中枯索已極，更無新意可以補充，殊堪焦慮。午餐後略睡，二時一刻起。三時到考試院出席政校校務委員會，約三小時餘始畢。回寓閱六組件。夜處理四組呈件。乃建來談。十一時卅分寢。

6月28日　星期日　雨　七十六度

九時起。睡眠仍感不足。喉頭又略有腫痛，幸不久即癒。或係被褥太厚之故也。閱報及參考消息後，正擬起草文字，而委員長約往談話，命擬致羅總統一函，面授要旨，約二千餘言，隨聽隨筆記餘小冊，凡一小時而事畢。右腕為之酸痛異常。委員長今日之神態，對於美國至為不

滿，歷述其追隨英國，甘心為英國所左右而不能獨立自立決定政策戰略之錯誤。尤側重於批評「先德後日」之戰略，以為長此不改，美國將永遠處於兩洋作戰、兩面應付之被動境遇。非惟不智，實亦可危。又述及美國供應我空軍不及所要求者十分之一而已，經決定運華之飛機，尚欲應英國要求而移用於北非，責其不應漠視中國至此。蓋聞美國撥至中國戰場之第四十大隊空軍忽復他調而發也。此函複雜而難違意，午餐後以二小時之內寫成，略改其語氣輕重而已，未能多所修正，以委員長甚堅持也。小睡未成眠，辦發電報及雜件三、四件。中宣部擬七七宣傳要點呈閱。亮疇來電話，以病辭。致允默一函。夜八時起開始撰七七告軍民書，凌雜無次，僅後段稍有機勢。二時卅分寫成，始寢。

6 月 29 日　星期一　陰晴　八十二度

十時卅分始起。昨夜四時後始入睡，實際只睡六小時耳。閱報並作私函數緘。今日紀念週與國防會八十七次常會均未出席。聞縣參議會一案已有大體決定矣。十二時到官邸，參加黨政會報。委座對宣傳、文化與思想問題及渝市政與黨務、團務，均令諸人報告，並有指示。二時散，到四組一轉，三時歸寓小睡。今日未閱六組之呈件。約曾秘書資生來談二十分鐘。晚餐時由辛等來談。夜自誠來談。處理四組文件與芷町談甚久。十時卅分洗澡。既睡不成眠，又起。直至二時始入睡。

6月30日　星期二　晴　八十八度

　　今晨起身甚遲，已九時三刻矣。閱第六組批表二十件，又呈件卅餘件，費時一小時餘。午餐畢，閱報及參考消息後，仍小睡一小時許。與七弟談婚事準備各項。其新人日內即可到渝。往弔馬超俊母太夫人之喪，參加其追悼會。又為道藩兄尊人銘渠先生七十雙壽親書壽頌以祝。四時卅分袁文卿來訪，忽忽未與詳談。即往中央黨部出席參政員資格審查會。六時三刻歸，傅、錢兩次長來談。夜處理四組文件，研究青年報告書。十一時就寢。

7月1日　星期三　晴　九十一度

九時卅分起。近來晏眠遲起成習慣矣。盥洗畢，即就四弟所擬告青年書初稿之修潤。此文本不易作，而委座指示係犖犖大端之要道，甚難將其精義表達，使青年真能認識，發揚民族哲學思想，與達成獨立人格及獨立思想之必要。尤以近年各校教育方針凌亂，中學教師程度低落，大學一、二年級生甚有不能舉中國歷史上之著名人物者，欲於此抗戰重要關頭，提高其對民族哲學傳統之認識，甚難措辭圓滿而達預期之功效。苦思許久，幾不能下筆。自十時至十二時，僅改訂前言一段。天氣酷熱，腦力更覺疲滯。午餐後未及小睡，仍賡續為之。其間呼匠理髮，間斷者約四十分，至五時改定五分之四。唯果兄來訪，輟筆與談，又約一小時。並閱六組批表等件。薄暮更悶熱，揮汗完成之，至七時五十分始完稿。既成自視，實非完善之作，不得已交繕呈核，甚望此文能不發表也。八時後晚餐畢，往德哥處閒談一小時歸。處理四組件，改國民兵運動會訓詞一篇。與芷町談。十一時卅分寢。

7月2日　星期四　晴　九十度

九時卅五分起。昨晚入睡前在一時以後矣。今日再閱昨晚寫成之告青年書，覺文氣尚連貫，惟內容稍空虛耳。甚以昨晚簽呈自認文字衰退之語為太過，恐委座閱之不無悵悵也。北非情形緊張，亞港已垂危。浙贛線敵人達橫峯，甚為憂憤。午餐後與希聖討論培養文字人才之方法

甚久。閱四組批表、六組呈件多件。研究參政會呈件。
滄波來談甚久。傅次長來談部務。徐柏園來談，擬辭四
聯總處秘書長。夜處理四組件畢，與四弟、七弟談話。
十一時寢。

7月3日　星期五　晴　九十七度

九時卅分起。今日天氣炎熱，幸尚有微風，不甚鬱
悶。九妹自學校歸，攜來細兒一函，即覆之，寄去用款，
並囑其十日歸家。上午無事休息，以電話詢自誠，知委員
長對七七書告已修改兩次矣。午餐後又休息約一小時。四
弟來談文化宣傳與教育甚久。明兒昨以發熱歸寓，今日熱
已稍退。三時後閱六組呈件三十餘件、外交電等十餘件。
方希孔君來談。旋外部參事林東海來談。陳宗熙來，未及
接見也。夜更悶熱，閱批表，並處理四組件。為收發錯
誤，大發脾氣，殊乏涵養。十一時卅分寢。

7月4日　星期六　陰、下午大雨　八十度

九時起。待七七文告之改核稿未至。上午無事，作
信四緘，讀書靜坐而已。向午亮疇先生來談，商致羅斯福
文件內容。亮疇意，最好請不發，否則亦須大大刪節，余
意亦有同感。近來委座對英國之無識，美國之審斷，似頗
感焦慮。為全局著想，亦難怪其然。然激越之言，自仍以
避免為當耳。下午小睡後，擬覆魏菲爾與馬歇爾之祝電。
覆馬電係芷町起初稿，殊難滿意。夜乃建來商公事，芷町

亦來，略談即去。十時黃山送來七七文告改核稿，聞已核改三次，仍為整理之，待明日與兩王商酌。十二時寢。

7月5日　星期日　晴　八十四度

七時五十分起。約王亮疇、王雪艇兩先生來寓，共同研究七七告軍民書初稿。對於第三段論及太平洋戰略及美國應採之行動者均覺語意太急直，乃刪節補充修改若干語。十時卅分商酌完畢（改擬覆馬歇爾電，又擬覆史汀生電），十一時繕清送核。下午天漸熱，略睡一小時許起。三時卅分委員長約往談，以核定稿交下，並諭將重要部分摘要先翻譯，拍發外電。即交省吾親曾虛白辦理。閱六組文件。自誠來談。夜希聖來談。八時卅分後處理四組文件十餘件。天炎熱，洗澡，十一時寢。

7月6日　星期一　晴　八十六度

七時五十分起。時間太遲，不及參加紀念週。公展兄來電話，言哲生院長有抗戰五週年感想一文，其末段關係甚重大，但已逕送各新聞機關，而各報有已付排製版者，囑即轉呈總裁請示。乃約新聞檢查局李中襄同志來談。細閱全文，乃知其末段所論者為抗戰勝利後之對日休戰議和條件，除歸還甲午以來之侵地外，尚有極具體之十二條件，包括五十年內中美兩國駐兵日本境內等各條款。不僅言之過早，且亦足擾敵寇以反宣傳之機，實覺有考慮之必要。乃與李同志同赴國府，請委員長親閱後，約

雪艇部長來商。卒由委座刪去之。歸寓後接洽七七文件之
譯送國外等事宜。俞秘書國華來談。應紹鈞書記患肺病，
宜予休息假，為委員長代批，給醫藥費千元。午後燒熱，
閱六組呈件及批表。小睡後，七弟之未婚妻樓韵午女士到
渝，與其長兄世武及嫂來訪，接談良久，知其家在諸暨耕
霞村，父名兆達云。駐埃使館參事湯武來談，十五分鐘
去。晚餐後以七七廣播詞稿最後改定處通知中央社。處理
四組文件十件。學素來談，思親甚切，十一時後去。十二
時寢。

7月7日　星期二　晴　九十二度

　　七時卅分起。今日為抗戰五週年紀念日，歲月如
流，河山未復，中樞舉行紀念，余殊無意參加。竊以為提
振人心，當從實際事功中求之，典禮太多，轉失原來意
義，所謂禮多則瀆也。今日天氣酷熱，腦筋殊疲。書貽約
商高級班事未及往。先後為委員長擬覆羅總統、邱首相、
赫爾國務卿等覆電，題旨相同，而措詞未可雷同。斟酌修
改，頗費時間。至午後三時卅分完稿，乃獲小睡。五時閱
六組件。與外部兩次長接洽對各小國之覆電。夜九時亮疇
來訪。九時卅分將各電發出後，處理四組呈件十餘件。黃
樹芬來談晉事甚久。十一時卅分寢。

7月8日　星期三　晴　九十一度

　　七時五十分起。今日事務稍閒，氣候亦尚不十分酷

熱。讀昨日各報紀念文字，殊乏當意者。惟芸生一文前半氣象雄偉，議論亦警闢，為之欣喜。即作一書，備述讚佩之意。今日能文而肯深思者寥寥不可得，故有空谷足音之喜也。午後閱六組情報件卅餘件。與四弟商七弟婚前準備之各事。閒處無聊，檢季陶之日本論讀之。七時到俞樵峯兄家晚餐餞羅卓英將軍行，賓主十二人，鬧酒甚久。余飲過量。十時接委員長電話，即往謁見。承命對告青年書再加修改，退歸略紀要點。洗澡就寢。

7月9日　星期四　晴　九十三度

五時前即醒，昨晚服藥不足也。不能復睡，五時卅分即起。盥洗畢，小坐休息，即修改告青年書稿，至九時五十分已完五分之四。委員長又電論另加新意，於是今日中央團部之紀念茶會乃不得不請假矣。繼續修補，甚訝委員長何重視文字語句一至於此，乃再三更改，至於第四回也。十一時完畢，稍息。午餐後小睡起。六弟自桂林來，談桂林近狀與文化界情形。今日天氣悶熱甚。五時唯果來談蘇大使見委座報告新疆事。傅次長來談。傍晚閱六組件。委員長今日去璧山。夜處理四組件，最後修正告青年書。十二時就寢。

7月10日　星期五　晴　九十七度

七時卅分起（昨服阿特靈兩丸，睡眠尚佳）。覆王芸生書，論戰時新聞檢查事。十時允默自山洞來寓，今日家

人咸集，以七弟婚期將屆也。望弟及實之弟去嘉陵賓館接
洽禮堂等事，余以天熱未往，為指點大概而已。午後小睡
一小時許。近日不復嗜睡，蓋氣候晴燥之關係也。閱第六
組呈件多件。閱「中國青年」之論文十餘篇，甚鮮佳作。
七時芷町來。夜改定訓詞一篇。處理四組呈件十餘件。孟
海來寓，與談甚久。天熱不能睡，至一時後始入睡。

7月11日　晴　星期六　九十七度

　　昨未服藥，二時後始就睡，五時即醒，旋又入睡，
七時五十分起。委員長約往談文字及新疆近情，並詢兩日
來諸事經過，談二十分鐘退。今日天時仍酷熱，室內為陽
光所逼，流汗不止。約希聖來談西陲情形與對策，並囑其
準備研究日蘇間戰後軍政及對黨派各問題應注意事項。午
後小睡約二小時許始起。四時卅分到官邸，與孔、亮、雪
同入見，研究新疆問題。回至亮疇家，一轉歸。閱外交電
卅餘件。理私函十緘。閱六組件十五件、四組件十件。夜
十一時寢。

7月12日　星期日　晴　一百度

　　七時卅分起。今日七弟與樓韵午女士（父名兆達，
諸暨南鄉人）結婚，余特請假一天，然六組、四組之要件
仍須親閱也。祖望、實之、六弟等先去布置禮堂。十一時
後往嘉陵賓館巡視。此次對余之友人僅發請柬廿份，抗戰
時間，不欲多驚動，然外間已多有知者。回寓午餐，二時

再去嘉陵賓館，三時十五分行禮。王亮疇先生證婚，楊雲竹、屈用中介紹，吳鐵城先生代來賓致詞，余致答謝詞。賀客到者約二百四、五十人，亦頗熱鬧。五時卅分客漸散。余不耐熱，乃與默先歸。晚餐後與希聖談話，十時諸家人始歸。十二時寢。

7月13日　星期一　晴　九十八度

七時五十分起。即至中央紀念週出席國防最高委員會八十八次常會。決議省參議會組織法及修正田賦徵收條例等各案。當討論增加公費時，吳稚暉先生起立發言，正聲堂堂，可為一般淺見者反省之資也。十時卅分散會。與孔、亮、狄、雪諸公談商新事甚久。十一時卅分到貴嚴家一轉歸寓。允默備饌為新人設筵。午餐後小憩，乃酣睡至四時餘。五時到范莊會談，為新疆來電件。何總長及次宸、一民、貴嚴、為章等均到。亮疇、雪艇、秉常亦到會。輪閱文件後，陸續發言，至七時卅分略有結果，余乃先歸。今晚答謝證婚人，在寓設宴請亮疇先生，並約雲竹、毓麟、芃生、岱礎作陪。十一時刻散會，飲酒醉。一時始寢。

7月14日　星期二　晴　九十八度

七時五十分起。昨晚睡眠未足，但今日精神尚佳。委員長約往南岸商新疆事。十時到軍委會，約王亮疇先生及傅、錢次長同過江，雪艇亦同行。在碼頭稍待，至十時

四十分動身，十一時卅分到達。朱一民將軍已先在，商擬備忘錄稿件，一時午餐後即渡江回寓。二時到家，閱六組件。小憩至五時。到中央黨部開參政員資格審委會。寒操未到。七時卅分始畢，回寓。宴請樓氏新親，男女兩桌，酬酢直至十時。汗出如瀋，納涼，與六弟談。一時寢。

7月15日　星期三　晴、下午雷雨　九十六度

七時卅分起。昨晚甚熱，雖服藥兩丸而不能入睡，故今晨起身後甚為朦朧。閱邵秘書對新疆問題之意見。唐薰南兄來訪，將赴湘第一區專員任，特來辭行。又前江西省黨部委員黃強來訪，為其自身工作事。十二時亮疇先生及外部顧問關霽來訪，送來對新事備忘錄之稿，即轉送黃山呈核。午後熱益甚，午睡時不能著席。四時大雷雨後始轉涼爽，降為九十度左右。閱六組件十餘件、四組件約十件。出席法、財、教三專門委員會聯席會議，約一小時歸。七時赴春森路樓宅，與七弟新親眷宴會，同席十八人，十時歸。十二時寢。

7月16日　星期四　晴　九十六度

九時許始起。昨夜雨後天氣轉涼，睡眠較爽。今晨乃又貪睡遲起矣。上午閱報及外交電，未作他事，僅與家人閒談。七弟此次婚事，用費達二萬金，物價之高，真可驚人。然社會積習難改，尤可慨也。午後不思睡。今日七弟婦之表叔周兆棠約午餐，余託詞辭謝未往。午後閱六組

呈件十餘件、四組批表約二十餘件。外部錢次長來談。傍晚孟海、由辛諸君來談。晚餐芷町亦來，餐畢，在露台上團坐暢談許久。九時處理四組件，十時畢。十一時寢。

7月17日　星期五　晴　九十四度

七時卅分起。修改國際宣傳處擬呈頌贊美志願隊飛虎隊功績之頌言（備作在美放映電影之序幕上用，係委員長名義）。又閱呈熊天翼來電一件，為報告威爾基將來華事。閱報載蘇軍近日危殆情形，然幸北非尚穩，而蘇軍戰鬥之英勇亦可嘉也。午餐後小睡一小時以上。閱六組件及外交電多件畢，即與家人閒談。近日事簡而心亦寧靜，以天熱故，各機關亦只工作半日也。晚餐後閱四組件十五件。與芷町閒談。十二時寢。

7月18日　星期六　晴　九十二度

八時卅分起。昨夜睡實未足，因未服安眠藥，故僅入睡四、五小時而已。今日上午氣候又轉熱。閱盛世才送來之六大政策教程等書，不學無術，隨人啼笑，滋可慨也。辦發朱長官電一件。閱四組批表卅件。午後小睡約二小時許。食西瓜甚美。皓兒來家。四時許洪瑞釗來訪，以有事囑四弟代見之。傍晚略有微風，天氣轉涼。晚餐後與家人閒談。九時芷町來，處理四組件，並談業務改進要點。十一時洗澡，服藥二丸而睡。

7月19日　星期日　晴　一百度

八時卅分起。昨晚服藥兩丸，睡眠酣適。九時唯果兄來談外交近事及十七日蘇使見委員長談新疆事之情形，謂蘇方態度甚恭順，與前大異云。唯果去後，偕四弟、六弟及孟海同至羅漢寺拜奠何旋卿師。自四月十二捐館以來，已逾三月矣。回寓後與孟海閒談久之。午餐畢，希聖來談宣傳及哲學等事甚久而去。小睡直至三時起。閱六組件，並閱教育專門委員會文件。天熱甚，與允默閒談家務，不作他事。傍晚閱四組件五件。夜納涼露台上。十二時寢。

7月20日　星期一　晴　一百度

七時起。八時到國府參加紀念週。薛子度君報告水利之要義甚詳備，約四十五分鐘完畢。與書貽接洽訓練班高等班事，與鐵城、亮疇先生接洽參政會事，九時卅分歸。草簽呈三件，閱外交電多件。十一時三刻到官邸，十二時卅分舉行參事會談。郭、張、陳分別報告，二時畢。謁委座略談，三時歸寓。王冠青君來談，擬在中央日報出版黨義副刊，名曰正論，囑余撰文。午後閱六組文件約四十餘件。向晚熱甚，處理四組文件約十件。夜納涼，至十一時卅分睡。

7月21日　星期二　晴　九十九度

七時起。八時接委員長電話，囑余於下午過江到山

上小住。乃整理各件，並分函通知諸友。待劉攻芸君不至，只得聽之，恐其明日來訪，則相左矣。審核第三處擬呈訓練班學員巡迴督導辦法等件。簽擬意見呈核。以「訪印輿論」及「對告印度國民書之反響」送四組彙存。午後二時卅分攜陶副官過江。一到山中，即覺涼爽無比，視渝市殆低八度以上也。兩次謁見委員長，談印度問題。承命擬電稿，以向晚天熱，未能構思執筆，略加準備後，服藥二丸，於九時卅分就寢。

7月22日　星期三　晴、悶熱　九十九度

五時四十分起。盥洗畢，閱呈四組表十一件。為委員長起草致羅總統電稿（論印度問題），要點太多，剪裁不易。八時卅分寫成，親為繕寫後送呈。全文約一千六百餘字。十時往訪王侍衛長於其家，談半小時而歸室。中午委員長將電稿核正交下，即交自誠謄正，送國際宣傳處翻譯。午餐後小睡不足一小時。兩次至官邸謁委員長，閱羅總統託居里帶來之親筆函，承命準備覆稿函。四時卅分康心如君來談金融與物價。七時再至官邸侍談。夜閱農民銀行報告兩冊。悶熱殊甚，十一時始寢。

7月23日　星期四　晴　九十九度

六時卅分起。睡意未消，以安眠藥效力未退也。盥洗後仍假寐許時，至九時卅分乃能開始作事。今日金書記上山，幫同繕寫文件。以參政員候選名單囑其謄繕一份。

以電話約王、吳、王三秘書長，並函約果夫明日來會談。
為委座致宋子文電（以羅總統來函有：「最近尊電謂此間
未重視中國戰區，甚感惶惑不安，特為解釋其故」等語。
委員長言，最近實無去電提此語者，或宋在彼就近有所代
達，故電謝之）。又發谷主席電，囑其接待吳稚暉先生。
十時卅分與雪艇通電話，囑研究英蘇協定之性質。自誠
來，略談即去。研究羅總統之來函（七月四日發居里攜
來）。午餐後小睡，熱悶異常，似不減於山下也。閱十六
年事略增訂稿一冊，當年情況如在目前。四時卅分亮疇先
生以致羅電之譯文送來，閱後再呈核。又辦理雜事數件，
外出散步十五分鐘。世和約晚餐，肴饌豐盛，皆家鄉口
味，與國華同飲酒一杯餘，飯罷略談而歸。八時卅分委員
長約往談，對羅電復有刪改，即與蔣夫人商改譯稿，至十
時卅分始畢。回室閱四組呈表十二件。十一時卅分就寢。

7月24日　星期五　晴　九十八度

七時起。昨晚服藥一丸，睡眠不佳。俞秘書送來致
羅電之謄正稿，為之校閱，即由俞交譯發。又閱委座一月
廿四日致宋轉羅電，論殖民地態度者之底稿，仍交俞秘書
保存之。今日上午心緒不甚寧壹，九時卅分始癒。改正工
程師學會十一屆年會訓詞一件。校閱六月間在蓉空軍軍士
學校講詞一件。午餐後小睡不及一小時。閱四組批表。四
時卅分果夫、鐵城、亮疇、雪艇先後來山，同謁委座。商
定下屆參政員名單，至六時始畢。諸君復在余室略談而

去。晚餐後轉涼。洗澡畢，略坐即寢。

7 月 25 日　星期六　晴、下午陰、有風　九十七度

七時起。昨晚未服藥，睡眠尚佳。發亮疇、雪艇各
一函，寄去羅函，請其研究。四組送來兩件，提先呈閱發
寄。果夫一函，為某君擬投考政校新聞專修科事。又辦發
致英庚款會朱董事長代電一件，為金陵女大請補助費事。
十時委員長約往官邸，交下備忘錄（論美國戰略事）一件
（係就六月間擬而未發之函稿更改而成者）。即為校閱清
繕，送請亮公改譯。午後與鐵城諸公通電話，接洽雜事，
閱批表及手令。五時陪康心如君謁談。夜有風，天氣轉
涼。閱十八家詩鈔。九時卅分就寢。

7 月 26 日　星期日　晴　一百度

七時卅分起。今日天氣較熱，山中晨起亦不涼快。
以此間譯件需人佐理，簽請調用唯果一星期，來此服務。
委座以為不必要。其實輾轉託人，甚費轉折，不免耽擱時
間也。上午無事，考慮覆函之件，亦空洞無可著想。午後
小睡起後，即與省吾過江回渝。四時到達，較山中為熱，
幸尚有風。亮疇送來譯件，即為專送黃山。與四弟、六弟
談。六弟已於二十日接國府任狀為立法委員矣。傍晚芷
町、毓麟來談。八時劉健羣兄來談，有明性見道之言。處
理四組文件。十二時就寢。

7月27日　星期一　晴　一百〇二度

七時五十分起。八時出席國府紀念週。谷正綱同志報告社會部業務。九時開國家總動員會議。除詠霓請假外，各人均全到。委員長主席，報告五件，討論案六件，十一時完畢。接開國防最高委員會，通過下年度概算編訂原則及第三屆參政員人選。新當選者七十四人，由十項更動新加者七人。旋即由中常會通過。十二時到中央黨部參加獨立出版社之董事會，楚傖主席，溯中未到，討論張九如移交件及今後社務與經費支持辦法，至三時始畢。天熱幾不可忍。歸寓疲極，睡至五時。晚成章、盧滇生先後來談。閱六組件，並處理函札十五緘。夜防空演習，發警報。十時後解除。十二時寢。

7月28日　星期二　晴　一百〇二度

七時卅分起。視寒暑表已在九十四度左右，今日之炎熱當不下於昨日矣。作函二緘，致外部次長及邵司長。閱報及參考消息後，即整備物件，九時三刻與省吾赴江過黃山。一過黃桷椏，即覺涼快異常。十時三刻即達，與重慶相較真可算清涼世界也。午餐後小睡，沉酣而多夢。三時奉召往官邸，委座對今日中央日報論印度問題一文深表不滿，謂：「不啻代英人立言。雪艇如此不明分際，將使余半年政策歸於泡影。」因命於更撰一文。五時許雪艇來，余代見之，六時後始去。又辦理普通文件數件。七時許將論文寫就，八時半呈閱，十時校正發出。

乃洗澡就寢。

7月29日　星期三　晴、熱甚　一百〇二度

七時卅分起。山上惟晨起至十一時最為涼爽，中午以後亦甚熱。連日亢旱，望雨甚殷，但天空之雲暫爾凝聚，即被微風吹散，每使群情失望。上午閱四組呈件四件，發沈士華、保君建各一電。午餐後小睡至三時起。校閱與居里談話錄之改正稿。奉諭送請亮疇先生改譯。又閱第四組呈件之之批表十五件，分別交辦。傍晚無事，到舍外散步，觀衛兵在運動場游憩情形，精神頗佳，堪為喜慰。夜讀書並整理文件。以天熱不能眠，直至十二時始睡。

7月30日　星期四　晴、傍晚雷雨　九十八度

七時卅分起。山中早晨最涼爽，憾余不能早起，實辜負一日間最好之光陰也。閱報及外交電多件，並承辦接洽之雜件。美專寓送來函件四緘，四組送來文件三件，均即為處理之。覆王芸生君一函，並批辦五組文件二件，為請發書籍事。午餐後悶熱無風，流汗不暢，睡亦不熟，甚為難受，想渝市蒸熱更不堪也。為農林部次長事上簽呈一件請示。五時許密雲堆積，旋下雷雨約十餘分鐘。風大而雨稀，以之潤田禾，仍感不敷也。雨後復晴，與俞秘書至汪山散步，涼氣襲人，至為怡適。中途遇委員長，邀同乘車游覽，直至大興場始歸。委員長時時下車，觀秧田水足

否，可見其關心農事之深。八時卅分到官邸晚餐。餐畢談卅分鐘歸室。十一時寢。

7月31日　星期五　晴　一百度

七時卅分起。早餐畢，閱報。委員長約往談，命將準備中與居里談話錄內加前文一段，嗣又手諭在第二項內加入一段，約二百字。整理畢，送請核正。十時起草，覆羅斯福總統函，約五百字，十一時完畢，即呈核。十二時奉核定發下，即將兩件分別寄顯光、亮疇翻譯。午餐後熱甚，不能午睡。閱私函數緘，處理四組件及批表共約二十件。三時後正欲小憩，而鐵城、公洽、貴嚴三君來，先在余室略談，即謁見委座，商國家總動員會議之進行事，僅得大體結果。三君退出後，仍來余處談話，七時始去。夜無事，十時卅分即睡。

8月1日　星期六　晴　一百〇二度

七時卅分起。核閱四組來電文等三件，核呈文件兩件，作家書寄默與明、樂，並致張伯苓先生一函。十一時公洽先生來談總動員會議及行政院各事，並力言經濟危機非速予挽救不可，主張從發行新幣入手。留簽呈一件，囑為轉陳。午餐後修改覆羅總統函稿再加入一段。天氣更熱。今日當為來山後最熱之一天。委員長手諭，對談話錄再加入一段，為斟酌修改面呈核定發出之。五時卅分委員長又命加入新意一段，即照修改，送國際宣傳處。七時隨委員長同車巡視野外，涼風拂快，甚為爽適。歸寓已八時。晚餐畢，閱五組送來審查報告及意見書各一件，以修正之函稿寄亮疇先生。洗澡畢，十一時寢。

8月2日　星期日　晴　一百〇三度

七持卅分起。送呈沈士華、保君建之來電。覆賀主任函，為新省保參政員事。閱外交電七件。十時呼匠理髮。陳組長希曾匆匆來談即去。向午甚熱，接亮疇先生增訂之覆函稿，用語不苟，旋又以電話來改文中"Toward"為"To"，老輩作事之謹慎真不可及也。午後奇熱，黃山之寒暑表為九十八度，渝市當在一〇三、四度，雖開電扇，仍覺熱不可忍。對談話錄又有更改，即送國宣處改譯。六時卅分隨委座遊野外，八時乃歸。夜仍熱，十一時後閱四組來件六件。十二時寢。

8月3日　星期一　晴　一百〇五度

七時卅分起。續接保君建電，即原件送呈。發龍志舟電，慰問其病後之起居。發寄果夫、立夫函，為新省請保人選事。覆劉健羣函，又致希聖、芷町、四弟等各函。談話錄英文清稿於午刻呈核。下午仍奉發下續有改正。十一時卅分自誠來談。午後吳中相君來談，擬入陸大，其志極可嘉。今日山上有微風，稍覺涼爽。閱十九年事略卅頁。晚委員長公宴居里及高思大使與美陸空軍人員，凡院、部長均參加作陪。在園中草地上設筵，賓主到者四十六人，洵一時之盛會也。散席後，約俞大維君及唯果到我室小坐，食西瓜，十時卅分始去。閱四組文件。十二時寢。

8月4日　星期二　晴　一百〇五度

七時卅分起。閱報及外交電十餘件，又閱四組審查報告及設計局擬呈卅二年度國家施政方針草案一件。十時卅分何競武君來談新疆近況及西北交通等事。十二時至官邸，謁委座，下午四時卅分又往謁，均面商修改談話內容。委員長對此稿已改至八、九次，今日仍有斟酌，刪去數段，其用心之周，誠不可及，然未免太勞苦矣。今日下午仍奇熱。閱十九年事略約五十頁。晚餐後接四弟、芷町各一函，為委員長起草勉在印部隊電。唯果來電話，報告印專署秘書對甘地之言。十一時寢。

8 月 5 日　星期三　晴　一百〇五度

六時五十分起。今日上午已極炎熱，天久不雨，農事大受影響，其為可憂。辟塵明日訂婚，欲余主持婚禮，余不能下山，囑四弟代表焉。七弟來電話，已辦理出國手續，希望能於十一日成行去。十時卅分接外部傅次長電話，告印度代表薩福萊來部通知，印政府將發表甘地最初決議原文。知英印關係愈鬧愈僵矣。囑自誠下山辦理印件，勉在印部隊官兵書。印單張寄。午餐後更熱，詢重慶知在一百〇七度以上，洵奇熱也。今日閱十九年事略二本外，未作他事。夜作私函三、四緘。十一時後就寢。

8 月 6 日　星期四　晴、夜小雨　一百度

七時一刻起。今日上午仍相當炎熱，向午有陰雨，傍晚濃雲漸集，大有雨意。惜有風起，復將雲吹散。八時後稍有雷雨，但不大，僅潤濕地面而已。望雨甚殷，而終不可得，蓋川省天氣有風則無雨，甚奇特也。今日上午閱十九年事略二冊以上，多所校正。讀討逆文告，篇篇可誦，皆力子先生手筆。其流利明潔，實為余所望塵莫及。益信平日之敬佩力子為不誣也。郭子杰廳長來訪，談四川教育及省政，午飯後去。夜間轉涼，閱呈文四件，簽呈二件。十時卅分就寢。

8 月 7 日　星期五　陰、下午雨　八十七度

七時五十分起。天氣轉涼，精神反感疲倦，以凌晨

四時為雷雨驚醒，計下透雨一小時餘，至六時許始朦朧再
睡也。閱呈四組件十四件，加爾各答電一件，又處理四組
來文四件，既畢倦甚。小睡至十一時始起。擬訪岳軍，知
其外出，乃中止。委員長有交審查之件，略閱而暫擱置
之。孟海起草工兵學校十年紀念詞，擬為修潤，亦覺無
力，何其憊也。接大哥支四日電，知已抵建陽，即覆電慰
之。小睡一小時餘起，果夫來談甚久。傍晚外出散步。夜
校讀十九年事略畢。十一時卅分就寢。

8月8日　星期六　略有陰雲　九十二度

七時五十分起。大霧瀰漫，許久不散，至八時卅分
始開霽。作函三緘。九時岳軍來談川省政務及戰時經濟，
深以物價金融無確定做法，引為深憂。又言地方官民對中
央機關在省縣者印象不良，最為推行政令之害。談至十一
時去。其時余忽覺疲倦無力，且有發熱之徵象，乃就床小
憩。一時起，食粥二碗（晚飯亦食粥），仍覺不舒。如是
屢臥屢起，至七時後洗澡一次，始稍覺爽適。然周身骨
痛，服阿陀方兩片始癒也。草草處理四組件三件，改訂工
兵學校十年紀念訓詞一件，又簽呈對新疆問題之審查意見
一件。八時三刻往謁委座，談二十餘分鐘。回室發信，
十一時就寢。

8月9日　星期日　晴　九十四度

七時卅分起。九時謁委員長後，自黃山動身回渝。

十時一刻到，與六、七弟談話，為七弟辦出國手續。希聖兄旋來詳談旬日來各事，並述其對宣傳之觀察。與四弟談浙圖書館遷書籍事。與孟餘、立夫電話中洽事。午餐後不思睡，今日到渝，殊覺愉快。索居思群，理或然也。接皋兒八月一日函。午餐後閱積疊公私函件約卅餘緘後小憩。傍晚芷町來談。晚餐後唯果亦來談，至十時許始去。今日處理四組件十件。聞甘、尼被捕，印事急矣。十一時寢。

8月10日　星期一　晴　九十四度

七時五十分起。八時到國府參加紀念週，九時禮畢。謁委員長於休息室，報告印度事件。奉諭應研究宣傳要點，發動我國報紙，表示正義。謂蘇必旁觀，美亦未必同情，若中國不仗義執言，則世界無公道也。並諭起草致羅總統電。九時卅分回寓，即準備材料，並起草電稿。宣傳要點則囑希聖兄代擬之。十一時卅分到賀主任辦公室，與貴、果二公商公費事。十二時舉行參事會談，席間對印度問題有所討論，其結論為不可使印人失望。餐畢，委座約亮、岳、雪及余四人商定電稿，並致電慰問甘地等諸人。六時亮疇先生以譯就之英文稿見示，與夫人在電話中商定之。輾轉接洽，至十時餘始出發。熱甚，十二時寢。

8月11日　星期二　陰晴　九十度

七時卅分起。昨晚未服藥，中夜屢醒，睡眠未足也。今日忽陰忽晴，氣溫不高，而空氣中有濕度，因之骨

痛又作矣。十時傅次長來訪，談新疆外交特派員人選事。
十時卅分謁委員長，承以羅總統八日覆電見示。出自宣傳
部，轉示雪艇，談良久而歸。印度局勢益嚴重，所羅門島
海戰未停，暴日不久或將窺印也。午餐後小睡起，甚感不
舒。以悶熱難忍，乃洗澡後養息。四時卅分滄波來談。閱
四組、六組各件。夜與芷町談話。十時寢。

8月12日　星期三　陰、向午晴　九十二度

八時起。今日氣候乃有濕悶之感。盥洗畢，寫惜別
贈七弟一短文，於其「為學欠猛，處世宜推己及人」二點
諄切勉勵之，蓋望之甚切也。又分致亮疇、雪艇、秉常等
各函，並作家書一緘，函唐組長、陳組長有所指示。招竺
副官來，囑其注意在處士兵人數。十一時細、憐兩兒來
家，送七叔行，與之談話，詢校中假期狀況。午餐畢，整
理物件。二時卅分偕省吾、祖望去黃山，三時卅分到達，
晤俞秘書，知將有他行。山中甚涼，閱十六年事略一冊。
夜無事，十時卅分寢。

8月13日　星期四　雨　七十五度

今晨大雨約三小時，天氣驟涼，因之貪睡，至九時
許始起。岳軍偕公權來談，以委員長之囑，將羅總統覆電
示岳軍，並詢其意見。彼以為印度情形緊張時，美國當不
至漠視也。談至十一時始去。朱逸民來代電（八日發十二
日到），呈委員長，閱後送賀主任存之。上午閱報外未作

他事。午餐後又小睡多夢。健羣來談今後支持戰局之要
點，至五時後去。今日余心緒不甚寧謐，不知何故。夜八
時以孫夫人、蔣夫人之招，與委員長同餐於孔宅，飲白蘭
地一杯，十時卅分回。微醉，遂寢。

8月14日　星期五　晴　八十四度

　　六時五十分起。今日擬下山，以國華等將出行也。
八時卅分謁見委座，報告數事，命余不必西行。並囑致胡
大使等電，擬以魏伯聰接替美使也。九時一刻由山上動
身，十時一刻抵美專街，與鐵城先生在電話中洽事。旋往
訪雪艇，談一小時歸。午餐後自誠來談。三時卅分約芷町
來談，處理四組各件，並商酌穩定新疆貨幣問題。傍晚轉
熱，閱呈報告一件。譯呈孫哲生院長解決印度政治問題方
案一件。擬電稿三、四件。外部傅、錢兩次長來訪，略談
即去。唯果亦同來，未詳談也。夜摘印度問題各件，交國
華。十一時就寢。

8月15日　星期六　晴　八十九度

　　六時三刻起。委員長今日將去蘭州為準備行前應發
出之函電等，並詢洽各方面有無待決定之件。以新疆金融
之件（附簽意見）及孫院長所擬解決印度政治方案，均交
俞秘書攜往備呈閱。許秘書卓修來接洽本室辦公費之件。
九時往訪貴嚴主任，稍談即去。至官邸謁委員長。奉諭出
行期間要事電前方請示，其次要件即可代為批辦。十時一

刻到機場送行，賀主任、於組長、陳組長希曾及吳禮卿先
生等同行。十時卅分機開行後始返。發胡適大使電一件，
以其心臟衰弱，擬予調任，以魏大使繼任，故先以委座名
義電告之。十一時杜聿明軍長來談，由緬行軍到印度之經
過，以委座致龍主席親筆函託其攜昆明面交。十二時去。
午餐後小睡一小時許起。近日頗患骨節酸痛。接宋電，即
為轉致前方焉。與希聖談組務及各事甚久。四時董顯光來
談，攜來英大使轉送之印督來電，竟不允將委員長慰問甘
地等電轉致。英人之固執無禮可慨實甚。旋約唯果來為斟
酌譯文後轉電報告，知委員長必甚憤慨也。夜芷町來談處
理各事。盧集賢君來談晏甸樵事。乃建來談六組各事。
十一時卅分就寢。

8月16日　星期日　晴　九十二度

　　七時卅分起，四弟今日赴北碚，請假二星期。八時
動身，皓兒附車同歸山寓。四弟去後，唯果來談，以昨晚
所接羅總統覆電（八月十二日發），電碼錯落甚多，為研
究補正發出之。並親錄底稿一份。至十時卅分送機要室
發。余今日本可赴山寓休息，恐蘭州有長途電話，且此間
各方有待洽之事，遂中止未成行。閱「思想與時代」及三
民主義半月刊等。今日甚疲倦，無力作事，且以悶熱為
苦。其實氣候並不熱，余殆有小病也。閱六組批表及呈
件等多件。晚餐由辛來談甚久。並與芷町理公事。十一
時寢。

8月17日　星期一　晴　九十三度

七時四十分起。骨痛神疲，晨起極勉強。八時參加紀念週，由翁部長報告業務。九時列席國防最高委員會九十一次常會，各委員對印度問題發言甚多，決議案之重要者為縣參議會組織條例之施行日期等，決定重交行政院詳擬實施步驟再核。十一時卅分散會，接開「對鮮小組討論會」，余亦被邀旁聽，十二時卅分始歸午餐。今日參加會議幾有不能支坐之勢，近日身體精神之疲可見矣。小睡至三時起。羅時實秘書來報告第三處最近之工作及人事調查之概況等，約談一小時餘而去。余聽之甚費力。五時後只得謝客不見矣。毓麟來談。夜實之、芷町先後來。十一時寢。

8月18日　星期二　晴　九十五度

七時四十五分起。昨服 IPRAL 二丸，睡尚酣足。發致國華轉呈電二件，致公洽、芸生、雨農（為政之赴蘭事）、成章、月笙等各函。又閱六組批表等件。上半日光陰便如此匆匆度過矣。天氣轉熱，精神欠佳。午餐後與希聖略談近事後，於一時動身赴老鷹岩。臨行留致乃建兄一函。二時許到山寓，較市內涼爽多矣。與家人閒談。五時後小睡片刻起，到舍外散步。晤孟餘伉儷焉。晚餐後明、樂等自沙坪壩歸來（昨日投考南開中學），接蘭州電話，辦發新聞稿事。十二時又接電話撤回。一時就寢。

8月19日　星期三　晴　九十八度

　　八時卅分起。天氣轉熱，本擬在山寓休息兩日，惟以蘭州電話屢至，而山洞電話不清晰，諸事待接洽者甚多，乃於十一時動身回渝。接國華電，索本月四日所發之慰勉在印官兵電稿及英文譯稿，即請顯光兄代譯。十二時雪艇部長來訪，談半小時去。午餐後小睡一小時餘，熱甚。發蘭州電三件。接保君建來電一件。又作函數緘。五時後諸事料理畢，六時由渝動身，仍回山洞，七時到達，八時晚餐。夜接蘭州、成都電話，聽之殊費力。十一時寢。

8月20日　星期四　晴　九十九度

　　七時卅分起。以近日電話接洽及待處理之件甚多，上午雖已甚熱，亦不能在山閒住矣。九時訪顧孟餘君，略談（旋以其友鄭麟事託為探詢）後即乘車歸。十時到渝寓，十一時吳澤湘特派員偕李秘書唯果來訪，與吳約定，囑其星期六成行。唯果仍留談至午而去。午餐後熱甚，小睡流汗不止，腦筋悶昏，無力作事，閱書自遣。實之弟來談卅二年度黨務工作計劃編訂經過。傍晚接保君建來函，附送國民大會正式函達之決議案。夜訪梁均默君。十一時就寢。

8月21日　星期五　晴　一百度

　　七時卅分起。昨晚熱甚，枕蓆竟夜不涼，睡眠頗受

影響。九時與俞秘書國華通電話，並與毛總指揮兩次以電話接洽。以委座欲劉健羣同赴甘省也。接沈士華來電，又雪艇轉告，印度斯坦時報十五日已將甘地前月致委座之函全文揭載云。十時復將國民會議決議案全文翻譯為漢文，一面交古秘書打字留底。午飯後小睡起，將各件校閱後封呈委員長，並致貴嚴、國華各一函。又致泉兒一函，附國華函內寄。處理各事畢，仍回老鷹岩，七時到達。十時卅分寢。

8 月 22 日　星期六　晴　一百度

七時五十分起。昨晚未服藥，午夜屢醒，睡眠不甚佳。今日氣候仍炎熱，居山中尚揮汗不止，則渝市更可想見矣。近日體力尚佳，而精神頗散漫倦怠，不能集中思慮，亦懶於作事，以此知熱帶民族不能緊張為無足異也。上下午均閱亞洲內幕一書，作為消遣。此書昔未全閱，乃令知根室之一知半解，記載詳述多似是而非也。下午四時許天陰有雲，僅下小雨數點即止，殊為失望。夜校閱委員長來電改定之告在印官兵電（即八月四日所發者）寄渝發表。十時卅分寢。

8 月 23 日　星期日　晴　一百〇一度

七時三刻起。昨晚服 LUMINAL 兩片，但睡眠仍不佳。有微聲或微光輒醒，且睡中又多夢。此月中並未若何用腦，何神經又衰弱至，殊不可解也。日間亦極疲倦，坐

臥偃息，讀唐宋人詩以遣永日。默君為蒸雞汁以餉余，冀
疲弱能得恢復耳。午後馬生積祚自渝來訪，談商市艱難，
日用品存量日少，貨運日艱。且謂沿途檢查之密，自浙至
川，有納稅二十一道以上者。告以商人本務在使貨暢其
流，仍應勉力為之。夜望雨不至。十一時寢。

8月24日　星期一　晴　一百度

七時卅分起。今日天氣晨間即已甚熱，想渝市當更
熱，以無要事，乃多留一日。唯果來電話，言顧大使來
電，英議員訪問團決定九月底來華，囑其由外部逕電委座
報告之。山居無事，讀陳樹人先生之戰鏖集。不作苦吟，
自然蕭逸可誦。此公性情恬適，為粵友中所不多見矣。古
詩不多，作亦頗佳。午後與祖望兩次通電話，知曉峯之文
已到，然余今日實不思返渝也。檢鎧兒校中日課。福芝甥
女來。夜悶熱，旋有小雨，三分鐘即止。十一時就寢。

8月25日　星期二　晴　九十八度

七時卅分起。八時卅分回渝，循新馬路行，鎧兒同
車，為指點而告語之。經過田間，農人已紛紛刈稻矣。九
時二十分到達。陶希聖兄來談彼對於哲學與理論工作之所
見，約四十分鐘而去。呼匠來理髮。天氣漸熱在室內治
事，如處蒸氣鍋旁，其實僅九十四、五度耳。處理六組件
約卅件、四組件十件。讀張其昀君所擬孔誕節書告。向午
公洽秘書長來談袁良工作，即發一電請示。午餐後燠熱更

甚，欲小睡而不得。聞蘭州有飛機來，以為國華等可到，即乃知為取衣及延醫（蔣夫人有小病）來也。閱外交電二十件，讀閱四組件八件，處理函札二十餘緘。發士剛、季剛各一函。六時再歸老鷹岩，七時到達，亦頗悶熱。九時半下大雨，始涼。服藥後十時卅分寢。

8月26日　星期三　陰　八十三度

七時卅分起。今日天氣轉涼，精神愉快，不復如前數日之昏沉煩亂矣。午前閱明、樂兩兒之英文課業，各為作範句十句，以示之。明、樂天資亦均在中人以上，惜不能專心用功耳。以電話詢美專寓，知無要事，乃決定今日不歸渝，以享受一天山中秋日之樂也。午餐後小睡一小時許。近日腸胃不甚通暢，服菓子鹽亦無若何功效。四時往主席官邸謁林主席，蒙垂詢外交及邊務等事甚詳。對新疆事，謂此時且宜漸漸導之中央化，不汲汲於近功，亦勿計較小利害，尤以開闢交通為首要，而協助地方之建設，如此行之定能有成。對西藏事極注意，謂重要不在新疆問題之下，而處理之艱難或過之。目前亦宜著眼於交通，對其內部政治，只要收回宗主權，即可不必干涉其設施。為國家辦事，應有「成功不必自我」之量，昔年羅文幹、黃慕松之失敗皆因有我見與功名心濃之過也。又謂「謀定後動」之定字最重要，今日中央未始不宵旰以謀，患在未定而輒動耳。談一小時辭出。過鄧亞魂秘書之室小坐，此君讀書有恆，極可佩。借書一冊以歸。到會議廳前散步久

之。夕陽隱現，景物絕清佳。夜為諸兒講在學言行學問應
注意之點，再書五條勉之，十時五十分寢。

8月27日　星期四　晴　八十五度

七時起。致細、憐兩女一函。八時往訪丁鼎丞先生
於山後鄰舍。丁先生對戰局極關心，詢問甚詳。九時辭
出，即乘車回美專街寓。十時許到達。今日為孔誕節，
全市懸旗慶祝，並放假，皓兒亦自工務局歸來共餐也。
午餐後小睡一小時餘。三時卅分到四組處理函電等十餘
件。與芷町談三日來公事。並約陳仲佳、梁大倫來談，勉
其安心工作。五時卅分歸，以積件已了，甚為清閒，本
可再去山寓休息，然亦不欲太自暇逸，乃決定留渝。接
國華來電，知昨日已抵西寧矣。晚餐時誦盤來談。夜學
素來談甚久，十時許始去。讀 DODD 日記十餘頁。此人
為一九三三至一九三七之駐德美大使也。日記所載多歐
戰以前事，而為釀成戰爭之因素者。是一部絕好現代史
料。讀罷至十一時卅分寢。今日在回渝車中，忽自省數
年來言行之缺失甚多，而尤以對友朋交際過於落寞，在
不知者必以為倨傲，此不僅足以敗德，亦足以害事。細
思致此之由，實因我始終對政治無興趣之故。固「不願
入官」之一念，乃至一切近於怪僻之行為，均以「我本
無意周旋」之一念自恕。然即擺脫政治，亦豈真能遺世
獨立者？欲作一現代之人，不可不善於處群也。

8月28日　星期五　晴　八十七度

　　八時卅分起。昨晚服藥二丸，天涼貪睡，乃又晏起矣。閱 DODD 出使日記十五頁，校讀明儒學案類鈔一冊，共五冊，乃編纂室奉命摘輯者也。轉西寧三電，皆關於外交者。午餐後小睡亦甚久，三時許始醒。閱六組件，約唐組長來談情報會議事。果夫先生來訪，談一小時。陳宗熙來訪。旋林翼中來談任職之志願。五時鐵城先生先生來訪，談參政會等事及朝鮮問題。晚餐時潘公弼兄來訪，商新疆之行。夜處理四組文件九件，與公弼、滄波、芷町等談。至十二時寢。

8月29日　星期六　晴　八十九度

　　七時卅分起。閱外交電十餘件，多不甚重要。校閱明儒學案類鈔數十頁，頗感沉悶。余於哲學終屬格格不入，殆由基礎太差，而少日為學之方法異也。午餐後讀閱陶特出使日記十餘頁，處理文件三件，發西寧呈委座一電，為勞動局事。接王埰伯兄函，請求辭職，或他調，俾得歸視家人，兼葬老母。詞極悲惻，覆函慰之。四時後天氣轉熱，閒坐無俚，乃再回老鷹岩休息一日。六時一刻到達，涼風習習中散步花圃約半小時。夜讀新聞學會年刊。十一時卅分就寢。

8月30日　星期日　晴　九十一度

　　八時卅分起。閱中國新聞學會年刊，內容頗富，劉

光炎、趙敏恆二君文字活潑，可愛至極。錢滄碩君文字亦
整飭可喜。馬星野專論一文甚佳。報界進步以近年為最速
也。十一時往訪楚傖先生，幽居多暇，正在校閱文稿，見
其精神飽滿，與去年全不相同。談一小時許歸寓。午餐後
小睡一小時餘，夢歸慈谿故鄉，夢境離奇，醒後尚能憶
之。傍晚與默散步於田間，以天熱，今晚不歸渝。燈下讀
陶特出使日記五十餘頁。十一時就寢。一時許始入睡。

8月31日　星期一　晴　八十九度

　　六時即醒，七時起（昨晚服 PHANODORM 一片，
然睡眠不佳，屢醒）。略進早餐，即乘車返渝。參加紀
念週畢，出席國防委員會九十二次常會，討論法案二件、
財政案九件、人事案二件，又對宣傳問題各委員均發表意
見，至十一時三刻散會歸寓。浙大總務長胡家健（建人）
來談該校經費情形，午餐後仍小睡約二小時。二時卅分到
堯廬，出席情報會議甲種會報，廣祥、恩曾兩君來到，議
決提案兩件。散會後與雨農略談，至六時卅分歸。俞欽佟
來談甚久。夜處理四組文件十二件。十一時卅分寢。

9月1日 星期二 晴 九十二度

七時卅分起。八時偕希聖兄同赴堯廬,參加國民月會,由余主席,略致勗勉之詞,約十五分鐘會畢。訪斅公副主任,略談即歸。與希聖研究時局,對於日軍最近是否侵蘇作詳盡之檢討。又談理論宣傳諸問題。向午皓兒來寓,由辛今日來午餐,觀其意興甚豪,余自愧不如也。餐畢,小睡至二時卅分。眼枯燥而作痛,天氣又轉熱,甚覺困疲。改定校閱國民兵團訓詞一篇。閱陶特日記十餘頁。毓麟來談。旋傅、錢兩次長來談甚久。夜處理四組件。十一時寢。

9月2日 星期三 晴 九十四度

七時卅分起。錢用和君來訪,談參政會事。九時渝市工務局長吳華甫來訪,談工程建設情形,約四十分鐘而去。今日仍覺體力疲憊,四肢痠痛無力,亦不能安心用腦,此種景象已四、五日於茲。而今日天氣燠熱,更感不舒。初以為余一人如此,及飯時詢實之、希聖知皆有同病,殊不明其原因也。改正委員長致邱吉爾祝賀英國抗戰三週年電之中文譯稿,即送中央社發表。致委座一電。午後小睡二小時。閱六組件。接大哥來電,知旅況甚苦。即覆一電。夜與望弟閒談。十時散分寢。

9月3日 星期四 晴 九十二度

七時卅分起。八時出席黨政考核委員會第六次常

會，到孫、戴、于、孔四院長及陳儀、李宗黃兩委員及吳
秘書長。于先生主席，聽取卅一年度中央政務部分報告。
各委員陳述意見甚多，決議再作攬括的總述，提下次會
議，十二時散會。與屬生秘書長再談一刻鐘而歸。午餐後
小睡一小時餘。閱六組情報件，接電話知委座已由寧夏
（一日到）到西安。致委座一電，為發表駐美大使事，蘭
州寄到醉瓜，官邸分餉二枚，邀芷、希、辛來共食之，極
甘美。夜敘談。十一時寢。

9月4日　星期五　晴　九十三度

　　七時五十分起。服安眠藥已兩日，未見大效。今晨
仍早醒，但朦朧不欲遽起也。覆九妹及泉、皋各一函。十
時往訪季陶院長，係昨日專約往談者。言及戰後對世界提
供方案，應著重在民族與經濟兩點，談條約有效及蒙藏政
務。其所證引，有聞所未聞者。最後復討論十中全會問
題，彼意應決定於明年召開六次代表大會，談約三小時，
獲益不少。一時歸午餐，餐畢閱六組件。小睡至三時半
醒。天時蒸鬱燥熱，幾不可耐。六時往老鷹岩小憩。入山
即覺涼爽，若有別天地矣。十時寢。

9月5日　星期六　上午雨、下午陰　七十八度

　　晨四、五時下雨，天氣轉涼，睡至八時許起。上午
與默、細、憐、鎧諸兒閒談，示鎧兒以作文之道，戒其不
可刻意求工，以失自然之趣。午餐時食小魚。餐畢，由老

鷹岩循新馬路回渝。滿野有秋意矣。閱文件數件後,仍小睡一小時。叔諒由北碚回渝,休假三週,覺其氣體轉佳。四時卅分李叔明君偕金兆梓君來訪,談中華書局業務。六時傅次長來訪,攜來薛穆轉到之邱吉爾函一件,態度倨傲,令人不怡。夜發兩電呈委座。閱呈件十餘件。十一時寢。

9月6日 星期日 晴 八十四度

八時起。昨晚一大鼠入余室內,驅之不得,屢次為所驚醒,甚感勞疲,起床後猶覺精神不暢也。十時卅分唯果兄來談三民主義周刊結束各事,並與談美外交近事。十二時卅分去。誦盤、麟孫來午餐,餐畢,注射鹿茸精與Compolon 合劑,從誦盤之勸也。小睡一小時餘起。古秘書來談。閱四組文件未畢,知蔣夫人回渝,即往官邸訪談。五時歸寓,代發電二通。傍晚六弟遊成都、嘉定後回渝,敘談極驩。改核九九體育節訓詞。夜處理四組各件,與芷町談話。十一時卅分寢。

9月7日 星期一 晴 九十度

八時卅分起。昨晚為貓所擾,中宵未眠。服愛羅耐而兩丸,乃沉睡,今晨睡眠充足,精神較佳。接泉兒來函,劉同縝世兄及沈祖杖世兄先後來訪,後輩英英繼起,殊可喜。校閱譯文一篇(孟加拉財長上印督書)。中午雪艇來談,與之談對英外交及宣傳要項。張元夫來談,詢余

新省近況。彼為省府代表，乃以詢余，甚可異也。午餐後
小睡至三時始起。今日天氣悶熱異常。閱外交電多件，惜
寸、佩箴來談農民銀行事。養甫來談甚久。滇邊及緬境土
司紛紛歸誠，甚可興奮。晚餐時由辛來。夜處理四組件，
與六弟談。十一時寢。

9月8日　星期二　晴　九十五度

　　八時卅分起。處理函札十餘緘。閱外交電數件。王
世塘君來談。泉兒所介紹，為外交人員訓練班之學員，將
入外交部工作云。向午氣候轉熱，午餐後小睡一小時餘
起，乃燠熱不可忍。依陰曆節氣，昨日為白露節，不應悶
熱至此。渝市氣候真令人可畏也。旬日以來，漸有心煩不
能收聚之象。工作亦多延滯，實可自愧。傍晚錢階平次長
來談人事室問題。旋陶百川兄偕陸鴻勛君來談滬上所聞敵
軍少壯派對軍事之主張。七時卅分晚餐。餐畢，亮疇先生
過訪，談英美外交及其他。夜處理四組件，譯英文電一
件，與四弟談。十二時寢。

9月9日　星期三　上午雨、下午晴　八十四度

　　七時即起。昨晚未服藥，乃屢醒屢睡，不能沉眠
也。閱報載羅總統及邱首相對國會之報告，其詞皆長逾
二千言。又美國當局對勞工聯合會談話，均不外呼籲人民
為國家勝利而節約勤勞服從法令也。九時後復昏昏思睡，
乃小睡二小時許起。午餐時希聖來。今日上午四時至八時

大雨，氣候本可轉涼，但室內仍八十四度以上，余仍覺悶
熱而不能作事。惟閱冗長之報告（考核委會三十年度考察
報告）及方案（高級訓練班）二件而已。處理六組各件。
由辛來晚餐。辟塵、滄波來談。十一時寢。

9 月 10 日　星期四　晴　八十六度

　　八時卅分起。昨晚睡眠充足，服 S. AMYTAL 片一
丸，故未間斷睡眠。今日精神較佳。作長函一篇，致立夫
部長，論高等教育。又辦發雜件四件。閱在閩復版之東南
日報，印刷精美，內容亦佳，甚為喜慰。十一時學素來，
與之談話。午餐後天又轉熱，小睡起，更覺悶熱非常，
真不可耐，更無心工作。不得已開電扇，乃得安坐，然
仍不堪作事也。馬叔衡、季明二君（季明自港來）來訪。
旋甘自明君來訪，談本年黨務計畫。道藩兄來詳談，擬
辭中政校事。八時晚餐。夜乃建、芷町來談。處理四組
件。十二時寢。

9 月 11 日　星期五　陰　八十五度

　　七時三刻起。昨晚服 PHARNODORM 一丸，但睡
眠甚不佳，今晨疲憊異常。閱報後又昏昏欲睡，乃再睡二
小時起。亮疇先生來，略談而去。午餐亦不思食，勉強食
飯一碗而已。下午氣溫上昇，覺熱不可忍，其實亦不過
八十八度，惟欲雨不雨，空氣潮悶之至。余四肢骨痛不
已，且有頭痛。閱六組件二十餘件後，即不能作事。僅發

胡健中一電。幾次服止痛劑，亦無效果。晚餐後仍極熱，毓麟來談，處理四組件。十一時寢。

9月12日　星期六　陰　八十二度

八時起。昨晚睡眠甚佳，且氣候轉涼，余之精神頗覺怡爽。整理外交件多件，核轉黨務考察總述及政務機關成績簡報（屬生所面交者）各一件。又作函札數件。上午碌碌不得閒。十一時亮疇先生再來談，對英首相如有覆函，不可表示訐責。應想其固執無知也。午餐後與希聖談時局及宣傳事，深佩其論事有見。小睡約二小時。德哥來談，六弟同坐，片時去。吳經熊君來談，擬去桂林作律師，官情較澹矣。閱六組件十餘件。傍晚溯中兄來。晚餐後處理四組件。夜涼思睡。十一時寢。

9月13日　星期日　陰　七十八度

八時五十分始起。上午皓兒來，中午唯果來談。午餐後小睡起。閱六組件多件，傍晚果夫來談中央政校事。乃知處友處事之道太難。稍不得其正（即謂過於熱情體貼，或過於激、過於嚴、或放不開、想不透、觀察不澈之類），即不免以好心而生惡果。於處人數眾多而複雜之群體尤然也。今日余鎮日不舒，骨節痠痛，上下午均不止。屢服阿陀方，亦不效。因之無力作事。夜處理四組件比較繁複事畢，與芷町談甚久。十一時洗澡後稍舒。與西安王世兄通話後即寢。

9月14日　星期一　陰　七十九度

八時卅分起。今日仍患骨節痠痛症，服NOVALGIN治之，亦不見癒。連日陰沉不見日光，精神倦怠，不能自振。上午勉力振作，寫書函數緘，致大哥一函，引起無限感念。向午休息一小時。午餐後與希聖等談話。補閱國防最高委員會九十三次議程，今日通過卅二年度施政方針，較為重要也。閱六組呈件甚繁瑣，朝鮮問題無形中歸六組主管，亦一奇事。傍晚整理待呈之文件費一小時餘乃畢。委員長以六時由西安起飛，八時後到渝，往官邸謁之，未回，知在郊外晚餐，遂歸。先後與毓麟、芷町談話。十一時後洗澡，就寢。

9月15日　星期二　晴　九十一度

八時起。往訪賀貴嚴主任，談別來各事，謝其在前方兼顧之勞，並略談西北近況及此間政情，約一小時許而別。九時卅分謁委員長，報告此間各事。委員長謂，西北情形甚佳。觀其神態愉適，知其衷心快慰也。九一八文告本未預備，奉諭不發亦可。退歸美專寓，俞秘書國華來談。果夫先生亦來訪，談政校事及其他。午餐後處理函札數件。天氣轉躁熱，骨痛不止。小睡二小時許起。閱六組各件。雪艇來談。外部傅、錢兩次長來談，八時去。晚餐後處理四組件。十一時寢。

9月16日　星期三　陰雨　八十度

　　八時起。昨晚未服藥，睡不甚酣。九時往陶園吊戴鈕有恆夫人之喪（昨日逝世），並入視季陶兄慰之。與議院諸君略談後，約徐道鄰君同來余處，談別後兩月來情形，十一時始去。委員長約往談，以立夫、慶祥、毓麟諸人參加工礦銀行組織，深為不滿，囑即令彼等退出董事職務。往訪立兄，正在行主持開幕禮也。十二時立兄來，與之討論，彼尚固持己見，以為動機不謬，余無法使之明瞭，約與同往乃兄果夫處商之。果夫所見乃較老成，遂約下午同見委座。三時卅分到訓練委員會參加政黨訓練班高級班籌委會。五時與立兄同至官邸謁委座，立兄報告參加工礦行之經過，委座謂已令停閉，余等以為太過，申述理由，言政府有關人員聲明退出則可，對於財部已核准之銀行，未有重大犯法行為，於開幕日即停閉則不可。委座命余且與陳公洽秘書長商之。遂同赴行政院及財部，由立兄說明之。為此一事，碌碌半天，太不值得，翁詠霓來談。夜滄波來談。處理四組公事。十一時就寢。

9月17日　星期四　陰晴　七十八度

　　八時卅分起。昨服S. Amytal 一丸，睡足六小時，然仍多夢，今日仍患骨節痠痛之症，至下午五時始稍癒。午前閱前方辦發之文電及來呈等多件，費二小時餘始畢。六弟送來香港敵偽出版之新東亞一冊，滿紙狂言，竟有無賴文人為之執筆，可痛可憤。午餐後小睡極沉酣。閱六組件

十餘件。天氣轉涼，奈精神極不振，幸而今年九一八不發
文告，不然直將無法撰寫也。王芸生君來談甚久。六時卅
分錢、傅兩次長來談。七時往應亮疇先生之宴。同席皆機
要室及侍從室同人，飲酒微醉。歸理四組件。十一時寢。

9月18日　星期五　晴　七十九度

八時起。昨未服藥，睡眠平常。今日天晴而精神仍
萎頓異常。強欲自振，而不可得，疲軟乏力如此，殊不明
其原因。四肢近關節處之筋肉亦時時作痛，不舒甚矣。今
日九一八週年，中樞未有紀念。委員長未發文告，惟美國
獨發表文件，余深悔未曾請委座發一簡短之告國民書也。
十一時蔣夢麟君來談昆明物價之高，殊可駭人。午後小睡
亦未熟。閱六組呈件。三時卅分出席法制教育專委聯席會
議，審立法規章兩件。歸寓後俞欽姪來訪。旋唯果來詳
談。夜以委座召，謁談卅分鐘。乃建來談。理四組件。
十一時寢。

9月19日　星期六　晴　八十五度

七時卅分起。昨服 ALLONAL 兩丸，亦僅睡六小
時。擬致陳主席修辭電稿。又修改為糧政問題通電各省之
電稿。處理函札數緘。十一時延誦盤、季高來診病，經檢
視結果，謂係心臟轉弱，瓣膜不密接，故循環較差，乃影
響體力，致有疲乏之象也。十二時參加參事會談，到者
二十二人。一時卅分餐畢。委員長核定歡迎威爾基之電，

今日電邵大使轉致之。二時卅分偕唯果回寓，談半小時。小睡至四時餘起。閱第六組呈件及批表。天時轉熱。晚餐後偕皓兒至南開，視明、樂兩兒，回老鷹岩寓。十一時卅分寢。

9月20日　星期日　晴　八十八度

八時卅分起。上午在老鷹岩寓休息。與家人談今後生活日艱，諸宜事前準備。兒女均長大，尚鮮能自立者，余之家庭負擔將日重矣。往會議廳前散步，觀竹木久之。山中紫金花及老少年盛開，色彩絢爛可觀。午餐食米飯稍硬，小睡起略有胃痛。四時卅分仍攜皓兒循新馬路回渝。王惜寸、周佩箴兩君來訪，談農行事甚久。本室辦公費事未蒙明白批示，不知委座之意。夜處理四組件甚多，其間多可令人意亂者。十一時寢。

9月21日　星期一　陰　七十六度

七時卅分起。八時出席中央紀念週，委員會親臨訓話，報告視察西北之感想。謂西南為抗戰根據地，西北實為建國根據地，聽者感奮。九時廿分禮成，與貴嚴等略談後歸寓。羅廷光君（中正大學教務長）來訪。蔣夢麟來談太平洋學會事。向午汪日章來談。苓西兄來午餐。餐畢，談一小時許而去。小睡起，閱六組呈件多件。今日起坐之時間稍久，以天涼尚堪支持。傍晚吳文藻、蒲薛鳳、顧一樵三君來談。夜諶小岑君來訪，談三民主義理論研究，歷

一小時。處理四組各件，閱手令多件。十時洗澡後讀書。
十一時寢。

9月22日　星期二　陰　七十二度

八時卅分起。昨晚為鼠患所擾，屢次驚醒，睡眠不
足，以致今日精神極不佳。九時卅分張元夫君來談，探詢
新疆事，未與多言，但詢其意見，傾聽之而已。右手腕作
痛更劇，不能作字，有若干函札，均不及作覆也。午餐後
小睡約四十五分鐘醒，仍覺疲倦。及再睡，至三時卅分
起。唯果來談招待威爾基事。今日心神不寧謐，又如四、
五月間之現象。閱六組呈件外，未作他事。傍晚錢次長來
談。夜處理四組各件。芷町來談。十一時後洗澡就寢。

9月23日　星期三　陰雨　六十八度

八時卅分起。精神較昨日略佳，然心緒仍不能寧謐
也。自九月十二以後，天氣漸復正常，依往年之例，余於
秋季最為神清氣爽，工作順利之時期，但今年讀為例外，
豈為衰老之徵歟。自思生活亦循常軌，更無特殊刺激，何
乃疲乏不振至此，真不可解也。沈祖杖世兄來談，對其學
業與工作頗勗勉之。劉紀文兄來訪，談西北考察經過。十
時卅分果夫、立夫兩兄來談中央政校事，果夫於中政校任
勞任怨，盡責獨多，然政校內部反而因彼事必躬親，養成
紀律廢頹之現象，以致道藩一再請辭。天下事動機與結果
往往相反，殊可慨嘆。作私函數緘，閱六組呈表外，上午

未作他事。午餐畢小睡至二時卅分起。閱委座西北之行中
講稿二、三篇，以成惕軒所著「尚書與古代政治」，託叔
諒交還之。四時卅分往觀音岩文化運動委員會，繼至曹家
巷十六號訪道藩，勸其打銷辭意，談一小時而歸。委員長
以蕭自誠紀律草率，諭令降級以儆，為簽請從寬處分。傍
晚賀自昭君來談中國哲學會之件，留與晚餐，餐畢談哲學
名著翻譯事。旋自誠來談，責勉而慰勸之。九時到官邸謁
委員長，垂詢關於學術文化事甚詳，並有所報告。九時
四十分歸寓，處理四組各件，又閱六組發文。十一時洗澡
就寢。

9月24日　星期四　陰雨　六十八度

七時卅分起。今日為舊曆中秋節，遙念故家淪於敵
偽之手，大哥、諸姪備嘗流離之苦，加以天時陰晦，身體
精神疲乏不振，甚覺悵悵。午前略理積牘，十時後又感不
支，十一時再就睡一小時至午刻起。午餐食油包一枚，樂
挺表弟所贈也。分發工役等節賞貳百餘元。物價高漲如
此，諸友仍餽贈食品，洵乎習俗之難移也。委員長交下明
年度概算估計數及批示，錄底後送孔。三時滇生來談。四
時于先生來談，對糧食通電，指官吏不納糧，頗有所誤
會，為之解說，終不釋然。傍晚唯果兄夫婦來賀節。毓麟
來談甚久。夜略備肴饌約由辛、毓麟等來同餐，皓兒亦
來。餐畢閱六組、四組各件，甚無聊。十一時寢。

9月25日　星期五　陰雨　六十八度

八時十分起。昨晚大雨竟夕，至晨稍止，氣候仍如昨日。盥洗畢，處理函札並閱外交電等多件，約工作二小時，即大感疲憊。十時十五分奉召往謁委座，談三十分鐘出，至中央宣傳部，與王部長商談設計局及太平洋學會代表人選等事，十一時卅分歸。滇生主任來談。午餐後小睡一小時半起。閱六組呈件，並擬關於蘇聯外交專機飛航之電示。延陳醫官來注射。午後研究三十二年概算、結計等各件。擬襃揚梁任公之代電。五時芷町來。旋唯果來談。夜處理河南軍糧件及四組要件多件，甚感紛煩。修改印督來函之英文兩譯稿，補繕呈閱。十一時洗澡就寢。

9月26日　星期六　陰雨　六十八度

八時起。六時卅分即醒，但朦朧疲乏不能即起。近日日間常有小雨，每夜半至黎明即大雨，氣候潮濕不堪。午前閱六組各件又處理函牘數件。自誠來談，攜來講稿二大件。與蔣夢麟君通電話，十一時道藩來談。程滄波來談于院長忽萌辭意甚堅，為糧食通電有所誤會也。十二時奉委座召往官邸，有所面諭，對中央政校之無人負責，委座甚屬焦心，並謂大學部實不必招生也。一時歸午餐，然事實上何可能乎。小睡至三時許起。呼匠來理髮。約六弟來談話。至五時許覺略有寒熱，又小睡若干時。傍晚道藩再來談，允回政校銷假。夜處理四組各件。十一時寢。

9月27日　星期日　陰雨　六十八度

八時五十分起。寫公私函札五、六緘，又為太平洋學會事致孔副院長一函。閱六組批表多件，辦發致外部代電，許蘇聯外交專機可依法入境。旋又閱李超英等經濟報告一件，委座批令核議先送還六組。今晨賀貴嚴君來訪。談總動員會議事，良久而去。意緒甚覺煩亂。午刻公弼與趙女士結婚，囑六弟代賀。午餐後小睡至酣。閱祖望送來之積函兩夾，一一整理並處理完畢，心中為之一清。顯光索閱威爾基來時議定談話要點，以函寄之。並以盛世才之黨證託其寄迪化。夜訪亮疇先生，處理四組件。十一時洗澡就寢。

9月28日　星期一　陰雨　六十六度

七時卅分起。八時出席中央紀念週，聽由劉總長講述我國之回教問題，約一小時餘完畢。接開國防最高委員會（第九十四次），通過褒揚梁任公案。委員長所提議也。又討論招待威爾基應注意要點及其他外交事項，通過法案五件、財政案十餘件。會畢與庸之、果夫等略談，一時始得午餐。餐畢小睡至二時卅分。何孟吾、彭皓徐來訪，貴嚴、芷町亦來。同赴黃山官邸，會談物價問題。到者尚有鐵城、公洽、可亭、鴻鈞諸人。委員長對於物價管制及其他經濟事項有詳盡之指示。交下批示各件，囑為整理。六時卅分下山，天已昏黑，八時歸寓晚餐。餐畢處理四組件四件，即以前件與芷町商討，交

其整理。十時卅分寢。

9月29日　星期二　晴　七十二度

　　八時卅分起。辦發函件六、七件，研究物價問題。
十時楊玉清君來談三民主義半月刊社務概況，並商今後方
針。楊君於徵稿方面殊有辦法，惟發行似尚欠注意。談一
小時餘去。十一時卅分芷町來，已將昨日交件整理就緒，
再為核閱一過。十二時吳家鳳君來訪，略談即去。一時午
餐畢小睡。為匠作聲驚醒。閱六組件甚多，凌雜極矣。五
時將整理件送呈，名為「加強管制物價方案提要」。六時
約集吳、陳、賀及可亭、浩徐、鴻鈞、孟吾來四號會談，
略有修正意見。八時晚餐畢。九時卅分委員長約往談，將
整理結果及各人意見報告。繼至貴嚴處小坐歸。理四組
件。十一時寢。

9月30日　星期三　晴　七十六度

　　八時五十分起。八時三刻奉召至官邸謁談十分鐘，
即赴國民政府，出席國家總動員會議金融會議。到者甚
多，委員長親臨主席，九時十分開會。計報告案五件，討
論案為常務委員彙提人力、物資、糧鹽、財力、交通、文
化各部門動員計畫大綱（意在供各機關擬其下年度動員計
畫之依據），由秘書處朗誦一過，以內容繁複，未及詳加
討論，暫予保留。最後委員長對動員會議今後工作重點及
平定物價之必要有極詳盡之訓話。謂太平洋戰爭發生前，

我之所患者為軍事孤立，今則為經濟孤立，預計戰事結束，至少亦非三年不可。我國必須安定物價，鞏固經濟，作持久之打算，否則抗戰不敗於軍事，將敗於經濟，切盼各人務必切認艱危，真誠協作。並指示平定物價方針要旨。十二時卅分散會。與芷町同歸寓。午餐後與希聖商談雙十節文告要旨。小睡約一小時餘起。覺神倦心煩，異常不安。閱六組呈件多件。皋兒今日屢思與余談話，而余均無暇也。四時卅分蕭青萍來，述其經濟改革意見，刺刺不休者凡一小時餘，多不能切衷事實之談。蓋動機不純不確，未有不誇大害事者。客去後大感疲倦，休息至晚餐時勉進稀飯少許。閱講稿二篇。九時後處理四組件多件。十二時始就寢。

10月1日　星期四　晴　七十八度

八時卅分起。閱外交電十餘件，四組批表十七件。九時廿分委員長招往談話，詢教部對訂頒樂制、樂歌及實施救濟大學教授生活之辦理情形，督責甚峻。又談雙十節書告之準備。十時歸寓，請戚壽南君檢查身體。戚君發現余之眼球角膜上有白點，聽心臟各部，謂無大病。血壓一百十度，心臟跳躍略速。但齒牙必須整理，囑請假兩個月。以其為手足酸痛與胃腸不良之本也。午餐後小睡又極沉疲而多夢，三時卅分起。往訪稚暉先生，值其休息未起（近日有小病），遂歸。辦理臨時承轉件多件。六時傅次長來談，以新疆油礦事，囑為請示。六時卅分芷町來，商量褒揚令文字。芷町改擬一稿，較原稿為勝矣。處理四組件十餘件。十二時寢。

10月2日　星期五　晴　七十九度

八時十分起。委員長約往談話，面諭辦理各事，補述雙十書告要旨。又命代擬歡迎威爾基詞。退歸寓室，發谷主席及馬子香兄弟等電文一電。十時後著手起草歡迎詞，十一時卅分完畢。雪艇、唯果來共商，午餐後定稿。往訪亮疇先生，請其翻譯。回寓小睡，不及一小時。約翁文濤君來打字。四時再謁委座，報告威氏在渝談話情形。六時威爾基入渝市，夾道民眾歡迎甚盛。晚餐時亮疇來，出示譯文，研究良久。八時卅分晚餐畢，以英文併呈閱。乃閱六組件。九時卅分委員長約往談，交下核定詞稿，再

訪亮疇後譯。十時卅分歸，閱四組件。十一時五十分寢。

10月3日　星期六　陰、悶熱　八十三度

　　八時卅分起。唯果來談招待威爾基日程事。亮疇先生來商譯件。十時往八戰區長官部辦事處，訪朱一民，談新疆省黨政措施及地方狀況，約一小時歸。十二時往謁委員長，修改歡迎詞稿，並見夫人，請為改譯，即送打字。一時午餐，餐畢辦理雜件，閱第六組各件。天氣燠悶異常，有如仲夏，甚為不舒。六時卅分雪艇、唯果來談。威爾基欲接見各黨派人士談話，意在訪驗共黨在美宣傳者是否為真實情形。委員長之意，以為可令其自由接見，但威氏請我方擬定共黨以外之人員，乃決定請其約張伯苓、左舜生、胡政之，以參政員資格一談。今晚委座宴會，已邀同盟國代表參加，而土耳其公使館乃要求與宴（其實不合於禮儀，亦無必要），外部不能決，經以電話請示委座，許可之。七時卅分到軍委會禮堂，參加委員長及夫人讌請威爾基之晚餐會。今晚到賓客甚多，禮節亦隆重，余所坐之席次在靜仁先生與秉常次長之間，對坐為徐部長，旁為美國及波蘭使館人員，交談尚無不便。委員長致詞畢，威爾基作答謝詞，詞意頗活潑。繼奏國樂助興。十時五十分散會，與毓麟同歸。疲甚，即寢。

10月4日　星期日　晴　八十四度

　　八時許起。九時束土芳君來訪（豫豐紗廠經理），

驌先所介紹也。談棉花生產銳減（據云因統制關係）及紗業不能維持之狀況，約卅分鐘而去。代委員長擬覆羅總統函（來函八月二十二日發，威爾基帶來），此等次要之應酬函札，最難著手。若余能寫英文，即以英文起原稿，再譯漢文，則較便利耳。去年以來，時為此類工作多費接洽修改之時間，甚覺不值。蓋以英文稿蔣夫人極重視，而委座對中文稿又喜屢次更改，輾轉修正，至為繁瑣。十二時謁委員長，接洽威爾基日程。向午疲甚，午後睡一小時餘起。閱六組件，並閱新疆省各件。傍晚改訓詞一篇（海外工作檢討會議）。夜毓麟、自誠來談，處理四組件，與芷町、四弟談。十一時寢。

10 月 5 日　星期一　晴　八十五度

八時十分起。九時委員長約往談，謂法學會等對於廢止領判權之件不妨提交威爾基，並可發動輿論，促請美國首先自動放棄在華條約內之不平等條款，命擬要點送各報參考。退歸後即擬成一宣傳要略，約六百字。十時卅分唯果來談。十一時卅分往國民政府訪亮疇、雪艇（均在常會出席），商談一小時許而歸。一時午餐畢，小睡。今日天氣鬱熱，單衣亦復流汗。三時起。閱六組件，又核改西安軍事會議講詞兩篇，理涼山軍事會報訓詞一篇。傍晚姪孫昌扆挈其婦來渝，居然長成知禮，可喜。夜由辛來談。處理四組件六件，辦理覆函事畢，十一時卅分寢。

10月6日　星期二　陰晴　八十七度

六時即醒，而睡意未除，朦朧強臥，至九時十五分始起。接亮疇先生來函，再商函稿文字，殊佩其矜睿為不可及。即交古秘書照收。十一時杜月笙君來談黃溯初事及滬上工作人員等事，約半小時別去。王雲五、周佩箴兩君先後來訪，皆未及接晤也。午餐後天氣更熱，流汗如沸，小睡頗沉酣，但多夢耳。盧集賢持匋樵函來訪。旋閱六組件，搜集資料，準備文字工作。傍晚唯果自誠先後來談。夜閱手諭八件，處理四組件十一件。往謁委座，談雙十節文告即其他。十時歸，洗澡。十一時寢。

10月7日　星期三　晴　九十一度

八時卅分起。今日天氣燠熱更甚，幸尚有風，如無風處，直如炎夏耳。九時以後略閱文件畢，正在準備文字，而公洽秘書長來訪。詳談其在行政院工作已無意義，副院長對一切問題之認識根本與院長不同，長此尸位，毫無作用。在本人痛苦，而於公無益，力表辭意，並留辭呈，囑密呈。再四婉勸，始允暫時攜回。旋胡政之、王芸生來訪，談陝、甘地方政治等，約一小時去。午後小睡起，謝絕一切，準備撰寫雙十報告。理小事往往間之，且腦筋遲滯，不易集中。行文組織費盡安排，至晚餐後八時許始克動筆。寫至中途，覺文思不屬者屢。辭修來訪，僅以握手，未與詳談。勉強趕撰至一時成稿，約二千三百字。二時就寢。

10 月 8 日　星期四　雨　七十四度

昨睡太遲，今晨睡至九時卅分始起。十時三刻委員長已將雙十書告審閱，約往談話，命將第二段歸併於第一段，作總冒；而原第三、四段則併為一段，以發揮立國精神，強調民族自由人類平等為主旨；更加入一段，說明建國之要務必須勤儉堅忍與篤實，囑為重撰。攜歸後，稍一構思，即覺疲憊，乃姑置之。處理雜件十餘件。午餐後小睡未熟，三時卅分開始改撰。此文原期稍微簡短，今又不得不拉長矣。七時完畢，排比組織，頗費苦心。其間梁均默君來談新疆事，間斷四十分鐘。夜擬早寢，已睡矣，十時卅分委座又約往談，仍有指示，囑為補充，歸後即寢。

10 月 9 日　星期五　陰雨　七十度

昨晚自官邸歸後即就寢，而安眠藥失效，睡眠不佳，今晨九時始起。委員長昨命立國精神「忠恕和平」易為「忠恕仁愛」，而于建國理想應發揮「篤實」之義。今晨來電話，又復囑之。余腦筋實甚疲憊，不能用思，勉強振作，為補改兩小段，終有補綴痕跡，再四修改，詞句遂不免重複，至十一時卅分始畢（平常一小時足以為之者，今乃費二時半以上，可知憊甚不能執筆也）。午餐後提交呈閱。一時卅分小睡至三時卅分起。頭腦暈重，胸腹漲滿，兼消化不良也。四時五十分委員長再約往談，在原稿上親自加改者甚多。攜回整理，於六時完成。以電話請示發出之，不再呈核矣。夜芷町來談物價會談事。處理四組

件畢，十時卅分寢。

10月10日　星期六　陰　六十七度

　　八時卅分起。昨晚服安露耐而兩丸，又露彌爾一丸，乃獲七小時連續不斷之睡眠，清晨又補足一小時，故晨起以後積神與昨日完全不同。連日患便秘，今亦暢通矣。中樞紀念會，以時遲未及出席。今日國慶紀念，渝市歡祝情況至盛。各街衢均懸旗結綵，市容煥然，充滿欣奮氣象。至十時，參加本市會報，討論防毒組織、二四六組業務分配、黨部充實及同人之冬季服裝與生活改善等問題。直至十二時卅分始畢。得外交部情報司消息，美英兩政府先後向我使館人員正式表示，願放棄在華之 Exterritorial Rights 及其有關權益。倫敦、華盛頓於九日晚同時發表聲明，希望於二星期內提出一處理此項問題之草約，以供我方考慮云。此誠抗戰重大之收穫，亦為年來外交上一大事也。檢齊各電，於二時前呈閱。小睡至三時卅分起。接細兒來函。傍晚閱六組件，改定中韓文化協會訓詞一篇，四弟所草擬也。六時毓麟、芷町來。晚餐後續呈外交電數件，處理四組文件十餘件。蕭祕書來，核擬委座下午演講新聞稿兩次。至十一時卅分畢事。與毓麟談，不覺夜深。一時寢。

10月11日　星期日　陰　六十七度

　　晨八時十五分起。今日體力精神又不佳，亦不自知

其故，殆因昨睡太遲，中宵屢醒之故也。接委員長電話，
囑傳諭中宣部，為中央日報事。以電話致雪艇，下午始
通，蓋星期休沐也。雪艇職務繁忙，而能放得下，為余所
不及。屈文六、劉百閔二君來談復性書院事及浙災事，良
久而去。午前頗悒悒不樂，午後亦然。接細兒來函，又接
默一函。午後小睡起，閱六組件，並作私函數緘。傍晚自
誠來談，閱委座與史迪威本日談話錄。七時卅分訪亮疇先
生，八時同至官邸晚餐。到于、居、孔院長，外部兩次
長、條約司長及雪艇，共商準備廢棄特權事。十時歸，處
理四組件，改文兩篇。十一時寢。

10 月 12 日　星期一　陰晴　七十二度

晨八時起。發函數緘。八時卅分偕曹聖芬君同渡
江，至中央政治學校，參加紀念週。先至總辦公廳，與各
主任敘談，旋道藩兄來，十時開始典禮。向政校同學講演
中政校之使命與諸同學在學期內注意之要點，約一小時半
完畢。新聞專修班同學約請作一特別講演，情不可卻，為
講述我為什麼進報界及我怎麼在報界服務和我為什麼脫離
報界。純述自身故事，作較輕鬆之講演，聽者四十餘人，
均似甚感興趣。講演又約一小時始畢。一時午餐，陸大教
育長阮肇昌君同餐。餐畢略參觀，渡江歸渝，已將三時。
小睡至四時卅分起。閱六組件，改譯稿數件。今日午後默
君自山洞來渝。唯果、自誠先後來談。夜文白又來訪。處
理四組件，十一時寢。

10月13日　星期二　雨　六十八度

九時卅分起。昨晚服IPRAL兩丸半，而睡眠不大佳。睡眠未足，頭腦昏暈。十時卅分委員長約談話，面示三事，囑即研究，分擬代電照辦。十一時退歸，四弟以擬辦之兩件（代蔣夫人所為者）送余閱看，亦費一小時之時間。又修改已發出羅斯福電之中文譯稿，委座之命也。午餐後小睡約一小時餘，仍極疲倦。祖望來談蔣君章事，余對其改易職務亦並不反對。四時雪艇來談中央日報改進之辦法，至六時始去。閱六組件卅餘件。晚餐後與希聖談理論鬥爭。十時就寢。

10月14日　星期三　陰　六十八度

九時五十分起。委員長約往談，口授關於國民家政會開幕詞之要旨，命早日準備，並諭他事，談卅分鐘歸。閱本日報紙，載羅斯福之爐邊談話，其語意亦反覆叮嚀，篇幅殊不短。近三、四年來，各國政治文告多趨於冗長繁複，或亦時勢使然也。午餐後與六弟談話。小睡卅分鐘起，精神疲倦，而有傷風。致戴季陶院長一函，催其早歸，以全會將屆也。閱六組件多件，改正糧食部代擬致滇主席電。滄波來訪，未接見。夜處理四組文件，十時始畢。擬（致各省主席為徵工事）通電一件。十一時卅分寢。

10月15日　星期四　陰晴、下午雨　六十九度

上午睡至十時卅分始起。今日真疲甚，不得不向委員長陳明請假一天矣。近日待作之事甚多，辭修久別，少川大使新到，均非訪晤不可，而余乃工作堆積，不能出門。在寓作事，亦不能繼續一小時以上，此境之痛苦何如也。上午閱六組件及外交電四十件（皆積疊者）。處理私函數緘。午餐未食，吃雞汁一杯，仍小睡約一小時許。食稀飯，不知其味。午後續閱六組件約二十件。胡世杰君來訪，攜來力子先生函，並饋藥品，即覆之。夜處理四組件畢，十一時就寢。

10月16日　星期五　陰、雨　七十度

九時後始起。四弟代撰蔣夫人託擬之序文一篇，為之改正。文不長，而甚費時，可知腦力之不濟也。芷町送來代電稿二則：一為募債，一勗勉桂省行政會議。粗枝大葉，亦自然中肯，即核定送發。又閱六組件五件，改兵役會議訓詞大半篇。上午工作如此而已。午餐後小睡一小時許起。閱六組第二批表件十餘件。繼續修改兵役會議講詞完畢，又修改在蘭州紀念週、西安紀念週講詞各一篇，警官學校畢業訓詞及外交人員訓練班訓詞、寧夏軍事會報訓詞及九月廿一中央紀念週報告等，計自下午三時至夜十一時，修改完畢，共七篇。其間又閱定四組批表及待呈件四件。希聖、訓念宴同茲、舍我等，亦往周旋一小時。十二時寢。

10月17日　星期六　陰晴　七十一度

　　九時起。今日國民總動員會議舉行常會，余以小病未癒，未出席。處理函札十餘緘，並致滄波一函。十時卅分往嘉陵賓館訪顧少川大使，不見七年餘矣，丰采猶昔，談興亦佳。為余述英國在一九四一年上期空虛危急之狀及國民心理至最近日漸堅強之情形，兼及中英邦交之展望，及英印關係僵化之內幕等。據彼所知，英國今年二月對我貸款事前完全無誠意，亦無準備，因美方宣布過於迅速，乃倉皇定議，於宣布之前一晚八時通知我使館，匆匆發表，意固不在於實行支付也。其他參加緬戰及中途截留軍器應急，在彼國均有自辯之理由，實皆足引起我方之不滿。為對印度問題，則英國政策實偏如此（克利浦斯案失敗，由於甘地之固執，英人甚惜之），為不可動搖者。談至十一時五十分始別。十二時到官邸謁委員長，告小病略癒，即參加參事會談，約至下午二時完畢。委座續有指示，命擬對參政會關於經濟政策之報告，並要求協力。退至四組，囑芷町商賀主任辦理。回寓後為搜集材料焉。閱六組件十餘件後，小睡一小時起。閱定四弟所整理「現代中國文學趨勢」之參考材料，起草社會行政會議訓詞一篇。詞意平實，自覺筆墨尚不枯滯也。夜處理四組文件，辦理致史大林函。芷町、唯果先後來談。十一時洗澡，因受涼傷風，一時入睡。

10月18日　星期日　陰　七十度

　　昨晚洗澡時用水過熱，出浴室後又單衣作事卅分鐘，以致今晨患傷風。九時起床後即有微咳，繼乃乾咳不止。準備起草參政會開幕詞。上午僅閱歷屆大會演詞，因秦組長振夫來談頗久，致有耽擱。午後小睡至三時許起。咳嗽加劇。委員長約往過黃山，未能赴，以電話報告之。繼續閱外交、軍事等材料及敵人廣播。又閱六組件十餘件。芷町來商公事。晚餐後精神不佳，九時就睡。中夜狂咳不止，氣管支作劇痛，輾轉未成眠。三時入睡。

10月19日　星期一　陰晴　七十度

　　九時起。咳仍不止，且似有微熱。中央黨部本有商量新疆黨務進行之會談，以今日非專心撰文不可，乃函吳秘書長請假焉。九時卅分後開始起草參政會開幕詞，敘述一年來內外大勢，剪裁不易，至午刻僅成三小段。測熱知略有微熱，然不得不扶病工作。小睡一小時餘起，隨咳隨作文，頭痛腦漲，不能縝密思考。又以六、四組急要文件待閱，不免間斷。原期八時完稿，乃下筆濡滯，至十二時始完成，真疲憊極矣。未及洗澡，即就寢。

10月20日　星期二　陰　七十度

　　今晨不得不休息，睡至十一時許始起。咳嗽稍癒，但喉底有痰，仍不潤耳。蕭秘書自誠來，攜來委座與潘友新、與林彪談話各一篇，又在西寧對回教阿訇及喇嘛王公

千戶等訓詞一篇，為修改而交還之。鐵城先生來談卅分鐘去。午餐後與芷町斟酌物價問題報告案，旋公洽秘書長來談。接洽向參政會提送下年度施政方針案事。三小時後小睡至五時始起。閱六組呈件十餘件、批表約卅件。七時晚餐，八時卅分雪艇來，談參政會主席團事及中央日報事。九時偕公洽、雪艇同謁委員長，十時歸。遵委員長批諭，修改開幕詞，甚覺費力。十二時寢。

10 月 21 日　星期三　晴　七十二度

九時起。咳嗽漸癒，但晨起時仍連咳不止，以積痰甚多未化也。午前辦出積疊之件若干件，改正兵役會議中訓詞之二「役政業務之根本方針及辦法」。原紀錄文詞惡劣，修改不易，上午未完竣。十二時偕吳鐵城、朱騮先兩君同謁委員長，對參政會事，委員長無甚指示，但謂對遠道來者及年齡較高之人，應特予優待而已。委員長以改定開幕詞面交余最後酌定。十二時卅分歸，午後小睡一小時起。再為斟酌修改補充之，至七時完稿。並將役政訓詞之二改完。夜閱六組、四組件。有警報，旋即解除。作開幕詞提要。十二時寢。

10 月 22 日　星期四　晴陰　七十度

八時起。八時五十分到軍委會，參加第三屆國民參政會開幕禮。九時典禮開始，張伯苓先生主席，林主席及委員長均親自致詞。張難先先生代表參政員致答詞，十時

三刻禮成,與同茲、自誠同車歸。戴安國世兄來見,託其
攜去致季陶先生一函。旋蔣夢麟先生來談,甚久而去。午
餐後小睡至三時始起。閱六組件及外電多件。今日默等往
南岸訪友至天黑始歸。七時晚餐,餐後閱讀希聖兄所撰
「王荊公性命之學」及「張江陵義理之學」兩文。又處理
四組件五件,交辦五組件二件。十一時就寢。

10 月 23 日　星期五　陰晴　六十度

　　八時卅分起。閱中央黨部提案委員會所擬之提案數
件畢,核閱芷町所擬委員長對參政會報告加強管制物價方
案及內容說明。全文甚長,為之悉心修改。旋芷町來,又
當面商酌之。一時午餐後,為改撰結尾一段,頗覺說明部
份詳盡有餘,而他日是否依此執行,則不敢言有把握也。
小睡一小時起,代軍委會撰闢謠一件,即送軍令部發出。
閱六組及四組呈件。八時到孔公館,參加預祝委員長生辰
之宴會。到亮疇、敬之、健生、哲生等男女賓十六人,飲
酒約三杯餘。十時卅分歸,十一時就寢。

10 月 24 日　星期六　晴　五十八度

　　九時五十分起。今日咳嗽似已痊癒,精神亦較佳。
閱外交電多件,又閱參政會前次大會議事錄等件。午刻奉
委員長交下對參政會提出管制物價案之報告,以全文太
長,囑再改削節短,即交芷町辦理。午餐畢小睡一小時
餘,多夢而覺疲乏。聞張蔭麟在遵義病故,此才真可惜

也。閱六組件卅餘件、四組批表等廿餘件。今日為委員長生辰，八時往官邸會餐祝壽。到來賓十四人，十時餘始散。至貴嚴主席處，商談關於參政會戰時經濟策進會之組織案，十二時始歸。一時寢。

10 月 25 日　星期日　晴　六十度

八時五十分起。改正芷町所撰之稿呈核。十時卅分果夫先生來談十中全會準備各事及中央黨部組織問題，約半小時而去。余今日精神又覺疲憊，且忽忽不樂，亦不知何因而然。昨晚偶失足碎煙盒、火柴各一，頗惜之。殆由一星期來雜務太多之故也。午餐後小睡，王雪艇君來談參政會各事及經濟動員策進會事。彼去後，仍小睡一小時起。閱六組件十餘件，欲起草策進會之組織大要，而心思不能集中，只得置之。夜自誠、乃建先後來談。處理四組公事十餘件。十二時寢。

10 月 26 日　星期一　晴　六十四度

八時起。接魏大使來電，報告美國對我提出廢棄領判權等之草約要點，共五項：

（一）放棄領事裁判權；

（二）辛丑條約之廢止及北平使館區之交還；

（三）上海、廈門租界之交還；

（四）相互內地雜居與通商；

（五）重訂友好通商條約。

　　並謂美國提案係就較廣泛處著想云云。閱後即將原
電送呈委座，面詢外交部，知甫接到全文兩條，正在翻譯
中云云。九時到國府，出席九十六次國防常會，由孔主
席，討論三十二年度概算數（軍費支出約佔總支出百分之
五五），除收入部分再交修改外，餘均修正通過。又討論
郵資加價案，決定再交主管部改訂。電費加價案，亦保留
再議。本日會議時間特長，至一時始散會。午餐後小睡
起，擬訪宋部長未果。委員長約往談話，諭令研究：

　　（一）中央機構與人事；

　　（二）鄉村建設事業大綱；

　　（三）著「國民革命之回溯與前瞻」小冊。

　　退至四組一轉，以管制物價報告案交芷町辦理。回
寓閱六組件，並草擬國民參政會經濟動員策進會組織要
項。八時委員長宴全體參政員，前往與宴。到者甚多，
席間張伯苓、宋子文、顧少川先後致詞，九時五十分
散。十時卅分歸寓，續成組織要項案。仍有咳嗽。十一
時卅分寢。

10 月 27 日　星期二　晴　六十五度

　　八時卅分起。私人函件及半公半私之函積疊在二十
件以上（望弟毫不得力，亦不用心，可嘆），以兩小時之
力清理之。又擬定本處職員辦公費款額。十一時卅分委員
長約往，談擬撰小冊子之要點。今日中午宴參政員二十
人，多為教育界人士及華僑。雪艇及余作陪。飯後整理經

濟動員策進會件及物價報告，分別送出。三時後乃得小
睡。睡中有惡夢，心神不寧。傍晚錢次長來談甚久。研究
小冊子事，未有眉目。滄波突然來談，彼誠不知他人之事
忙也。晚餐後處理四組件，有極複雜者，至十時卅分始
畢。今日下午起心思異常煩亂，且極不快。十二時就寢。

10月28日　星期三　晴　六十七度

　　八時起。紀載小冊子之要點，將委座廿六日所示之
意加以貫串發揮。招希聖來談，囑其先擬要目，再定寫作
之人。希聖以為此冊子最好由志希撰之，余亦以為然也。
研究美國提出草約全文共八件。十一時到堯廬，參加臨時
會報。商定特別辦公費之支給事宜。今日批定郭子猷醫費
六百元。十二時卅分午餐，餐畢小睡，至二時卅分醒。整
理雜件，並約六弟來談。五時到委員長官邸，會談對美國
所提草約之對策（到于、居、孫、孔、亮、雪及兩次長、
蔣處長、條約司長），外部提意見十餘條，分別決定後交
再整理，於卅日呈核。七時散會歸寓。則希聖已提出綱
目，佩其敏捷，夜處理四組件。委座今日下午手諭五十七
紙，十二時寢。

10月29日　星期四　陰晴　六十八度

　　七時五十分起。昨晚雖然常服藥，而今晨早起，思
慮萬端，不可平抑。蓋昨日讀委員長手諭，蓋感中樞黨政
及地方百務待改進者至為紛繁也。念國華勞苦，去函慰藉

之。又辦發公私函電數緘。九時卅分後，就希聖所擬小冊
子目錄詳加審查，另擬簡目一紙，送彼商榷。午餐後仍注
射，擬注射 H20 單位者六枚，千單位者六枚。允默今日
歸老鷹岩，殊覺悵然。小睡起後，作一書慰之，恐其念余
病也。午後閱六組件卅餘件。今日委員長出席大會，報告
外交、財政、經濟、軍事。傍晚自誠、學素來，告余大
概。飯後處理四組件。今日對中央人事制度頗深思之，略
有所得。十一時寢。

10 月 30 日　星期五　陰、夜雨　六十七度

　　八時卅分起。九時十五分委員長約往談，命擬參政
會開會詞，並商定要點。余乘便報告對於手令執行之意件
及對裁員減政之研究，並痛陳充實高級幕僚之必要，談約
二十五分鐘，十時二十分歸寓。開始起草開會詞，但寫成
第一段後忽覺不能續寫（唯果來談部務，今日宋部長就職
諸事）。午餐後注射針藥畢，小睡兩次，均為電話驚醒，
未入睡。四時後動筆撰文，而思路拙滯異常。其間復接洽
雜務數件。晚餐後續寫，直至深夜一時卅分始完稿。以
二千五百字之一普通文稿，需時之久如此，乃二十六年秋
間以後所未有者也。體力、心力交疲至此，實可慨嘆。二
時五十分始入睡。

10 月 31 日　星期六　陰、下午雨　六十七度

　　六時即醒，勉強合眼後睡，至七時卅分起。將

昨稿繕正呈閱。昨晚已服愛露耐耳兩丸，今晨再服
LUMINAL 一丸，九時後就床再睡至十一時卅分起。委
員長將閉幕詞稿交下，命再修正，午餐前乃匆匆成之，
即交繕正。午餐畢，閱六組呈件卅餘件，一時再睡，至
四時起。自覺睡眠已補足，頭腦亦稍清健矣。五時參政
會行閉幕式，囑自誠、叔亮前往，余以時促，未往觀禮
也。六時卅分自誠自會場攜稿歸，再校閱一過。委員長又
兩次來電話，補正詞句。其重視文字有如此者。七時外部
傅、錢兩次長來談，表示宋部長既已就職，彼兩人意欲引
退，改就部外工作，囑向委座轉陳，並略談修約事，約卅
分鐘而去。八時到官邸，對修約事作第二次之會談。到
于、孔、孫、宋、冠生、少川、亮疇、雪艇及外部兩次
長與條約司長。研究對美提出之對案，並就英方草約研
究，即在官邸晚餐。餐畢略談，將對美之覆文決定，並
決定向英方提交還九龍租借地。談畢歸寓，已九時餘矣。
處理第四組呈件十餘件，改正對文化勞軍徵募會之訓詞，
並與芷町商四組工作與人事。十一時事畢，洗澡就寢。

11月1日　星期日　晴　六十六度

八時卅分起。昨晚睡極深，以致晨起失時，不及參加國民月會矣。項定榮同志來訪，談青年團編纂室事、經費事及建造大會堂事。十一時詹文澔同志來訪，談中央日報事。勸其先以全力協助整理經理部。蓋委座有囑百川提任總編輯之意，而雪艇則欲詹兼任也。今日上午休息未作事。委陳燾為第五組司書。午餐後仍小睡，睡起以後乃患齒牙腫痛甚劇，且覺發冷。閱六組件卅餘件及批表多件。實之、自誠來談甚久。接國華書，頗露去意，且甚堅決，亦一可念之事。傍晚見蔣聰臨世兄，養春之子也。晚餐畢，由辛來談甚久。九時卅分後芷町來。處理四組公事畢，十一時卅分就寢。

11月2日　星期一　陰　六十七度

八時起。九時往訪邵明叔先生於潘公館，七十二歲老人矣，而憂國心熱，任事亦富於勇氣。談國事與川情五點，託余為之轉陳。十時歸，吳任滄同志來訪，談昆明事及農行事。向午閱六組件。十二時到國府出席十中全會提案委員會。午餐後小睡三時。顧大使來談中英外交及廢約交涉，彼主將藏案後提，四時去。余刻嗽與齒痛均劇，且有頭痛。今日接叔受電，知大嫂以九月初在甬去世（年六十九），吾家長輩又弱一個，甚為悵惻。傍晚天陰黑，處理第二處件五件，心甚不怡。晚餐後，蕭自誠來報告接見文化教育界人士經過。吳南軒、胡定安、盧子英來訪，

談北碚建屋事。處理四組件若干件。與曉峯長談。十一時洗澡就寢。

11月3日　星期二　陰雨　六十三度

　　八時卅分起。讀提案委員會所擬提案，其間甚有支離無當者。本黨非無人才，亦以見機關生活之所以損人思慮耳。九時卅分到委座官邸，承詢十中全會準備各事，並囑擬致羅總統覆函，談十五分鐘即出。至俞秘書處調閱原函，並向第二組調閱十月十二日由史迪威轉來之羅總統電，與國華等略談。見其與紹鈞對坐，意態雍容，真一對模範青年也。十時卅分歸寓，陳武鳴將軍來訪。自卸職軍校後，迄今閒居，語意之間，不免略帶蕭瑟氣。旋地政署鄭署長來訪，談業務進行困難甚久。十二時卅分午餐，餐畢方睡，而望弟市內電話鈴聲不止，無人接話，起喚僕人大咤斥之。以此遂不能睡。閱六組件二十餘件及批表十餘件（研究地政署之件）。午後患頭痛甚劇，念祖望如此不負責任，日趨荒怠，屢戒不悛，深悔當時不應招之來此。傍晚候其歸來，乃痛誡之。然自此更頭痛不可止。服阿陀方三次，亦不見癒。錢昌碩、陳萬里及盧子英先後來訪，只得一概謝絕之。悵懷身世，不禁悲慨。夜奚玉書君奉委員長命來談出國手續，滔滔不斷，約一小時餘去。閱四組呈件畢，已將十時。芷町復略談而去。十一時就寢。

11月4日　星期三　雨　六十二度

八時卅分起。昨晚雖服盧明乃三丸，而睡極不佳。暴怒與悲鬱，均足影響身體也。奉手諭三、四紙，均人事及補助酬應問題，即辦出之。起草致羅總統覆函一件（其來函九月十六發，拉顧問帶來），午刻繕呈。又見客二人。改正紀錄稿兩篇。午餐後小睡起，劉嶽厚君來訪，劉為章次長所介紹也。正擬研究全會提案，而天放兄來訪，談川大及其自身生活問題，有棄而就他職之意。旋李幼椿君來詳談，為左舜生百端解釋，余避免與談政治問題，乃詢其川省地方情形。李君為縷述兵役稅制之利弊及經濟管制之要點甚久而去。閱六組呈件卅餘件。夜覺發冷，九時即就寢。

11月5日　星期四　雨　六十度

八時卅分起。昨晚睡眠充足，精神略佳。然環顧黨國艱難，人心散漫，經濟惡化之現狀，不知何以補救。而自身又衰疲無能至此，悲悵之情終不能自抑，又不知如何爬梳整理，方能使自身本分之事有個安排。雜念紛起，作友人私札數緘，聊自宣洩鬱悶。向午唯果來，余與談心中痛苦，不覺悲從中來，為之下淚。唯果對余百般譬解而去，且提供幾點意見。二時始獲小睡，至四時起。欲作事，乃提筆茫然。傍晚芷町來，余先閱六組各件，繼處理四組各件，與希聖等詳談。九時卅分謁委員長。歸辦文件數件畢，十一時卅分寢。

11月6日　星期五　晴　六十四度

八時起。今日天氣開朗，精神稍佳。處理積件數件，發函四緘。希聖送來孟子養氣章之研究一文，即為核閱送呈。以聞委員長將赴陸大講浩然之氣也。十二時到官邸陪客，今日宴李福林、邵明叔、褚慧僧等諸人，席間談物價管制意見甚詳。二時歸寓午睡，三時卅分起。皋兒今日動身赴黔。閱六組批表及呈件多件，改定致中國政治學會訓詞一件。又為委員長修改為紐約論壇報所撰文之一篇。原文係宋部長起草，委員長命補充說明主義立場若干點。至九時始得進餐。餐畢，與芷町希聖談話，處理四組呈件十餘件，有甚繁複者。十一時後乃就寢。

11月7日　星期六　六十五度

八時起。繕呈報告兩件。九時研究提案，十時出席提案審查會議，討論約二小時餘，決定只提三案（餘三案係常會應辦事項，故不提），另決定加提物價案報告一件。又關於兵役問題及建設西北提案各一件，分交甘、梁兩委員起草。十二時歸寓，公展兄來談。午餐後小睡至二時卅分起。對六組報告未及閱。僅審查奚玉書出國考察費預算一件。呼匠理髮，苦心思仍不能集中。接委員長手諭，對小冊子內容又加批甚多，即送希聖兄辦理。又檢兵役訓詞，寄中央秘書處。傍晚滄波來，無心與談。夜處理四組件畢，十一時寢。

11月8日　星期日　晴　六十六度

七時三刻起。仍繼續研究提案文，而中間每以事阻。八時卅分四組又來批表二十五件，閱之深感委員長近日心緒之煩亂。有若干表件批示送回，仍飭四組簽請核示。十時陳公洽秘書長來談中樞政治。十一時外部送來中英約稿修正案。十一時一刻雪艇來談中宣部及設計局各事，至十二時卅分始去。午餐後小睡兩次，均未入睡。神經不寧，一闔眼即若在撰寫極繁雜之文件者。三時乃起。成舍我君來訪，囑六弟代見之。送來簽呈一件，代為加註列呈。致梁均默函，寄西北建設材料。又致亮疇、季陶各一函。傍晚七時允默自山洞來視余病。夜處理四組件，閱政治部所撰通電稿。十一時卅分寢。

11月9日　星期一　陰　六十八度

八時卅分起。完成昨日草擬未畢之「發動黨員團員實行戰時生活案」，並起草刷新政治風氣造成各級政治之戰鬥體化案。自上午十時起，至下午六時卅分始得完成。中間午睡一小時餘。又校譯委員長對英國議員團之歡迎詞，亦約費四十分鐘之時間，其餘整日時間皆為寫成此一提案。以全文不過二千字之一案，而耗時如此之久，真如芭蕉之心已萎，春蠶之腹已空，殊自嘆其何以憔悴自此也。遠客來訪者三、四人，均未及接見，心殊不安。晚餐後擬繼續工作而神思疲亂，乃洗澡早寢。芷町來寓有所報告，臥而聽之，十時入睡。

11月10日　星期二　陰　六十八度

八時十五分起。改正陸大特五期及十七期畢業訓詞一篇後，起草教育設施以軍事化為中心目標案。自上午十時動手，至下午三時卅分完成，文字之枯澀凌亂，不堪名狀，與余平時所撰如出兩人之手。以時限自促，亦只得草草繕呈矣。四時李立信兄來訪談一小時云。五時邵力子先生到渝，由唯果兄陪之來寓。別來二年餘，見其面色紅潤，知葆養得宜，深羨之。敘談別後情形約一小時餘。十一時卅分亮疇先生來訪談三刻鐘，為司法行政部事。與四弟共同修改歡迎詞之譯文稿。夜研究考核委員會工作報告之件。滄波、芷町來談監察院彈劾徐柏園事。十二時始散。遂寢。

11月11日　星期三　陰　六十六度

八時卅分起。昨晚睡太遲，頭腦稍感眩暈，然提案文已送呈，即覺心思寬曠矣。九時新任侍衛長俞濟時兄來訪。十時擬訪果夫，知其尚未回渝，乃往陶園訪季陶，適少川大使在彼處，繼武鳴、恢先均來訪，共談甚久。十一時卅分歸寓午餐後，小睡至二時卅分起。三時到中央黨部開會，商新疆省黨部人選事。到一民、均默、騮先、書貽等諸人，商談約一小時餘，四時卅分先退。與貴嚴同謁委員長，報告新聞檢查所扣檢監察院公布案事。奉諭應暫不發表。夜閱六組各件，並處理四組件。自誠來談。十一時即寢。

11 月 12 日　星期四　陰　六十六度

八時起。九時前與力子先生同往國民政府。先在休息室與諸友晤談，九時十中全會舉行開會典禮，總裁主席，訓話歷一小時餘。大致以此次全會為繼往開來之會議，勗勉同志，袪除暮氣，振作革命精神，毋使功虧一簣。十時接開預備會，決定主席團人選等。十一時會畢，與立夫在會場談教育部事。十一時歸寓。十二時應吳秘書長約到中央黨部會餐，商談全會進行各事。到敬之、文伯、立夫、貴嚴、驤先、自明等多人，二時卅分會畢。歸寓小睡，至四時起。精神仍不甚佳。唐組長來談。五時到委座官邸，交下準備提案各件，內容甚繁。六時到范莊，應孔先生約談。夜果夫來談甚久。處理四組案。十二時就寢。

11 月 13 日　星期五　陰　六十六度

八時卅分起。修正對各戰區手令通電「為不平等條約廢除後軍人應如何努力改進令飭檢討」案，至十一時始完畢。奉委員長召赴官邸，面交對太平洋學會我國代表之指示要項一件，並諭轉達何總長兩事。歸寓後致總長一函。午餐後忽又大感疲倦，進食甚少。以神經緊張繁亂，未及入睡，彷徨苦痛，至四時後尚未恢復疲勞也。為參政會歡迎英議員團有失言之處，奉委座詢問，調閱英文原稿而簽覆之。研究昨晚交下之對全會指示案，尚未著手，又奉手諭，命轉達關於戰時經濟案。七時到堯廬，應各組長

公宴，為歡送王侍衛長而設也。十時許回寓，辦發代電兩
件，處理四組文件五件。十二時就寢。

11月14日　星期六　陰　六十四度

八時五十分起。約希聖來，將交擬提出全會之戰時
經濟及戰時生活兩件，與之商談，交其代擬並交換對於教
育軍事化案之意見。十時後擬著手修訂全會注意事項，乃
腦力不濟已甚，迄無成就。下午小睡未熟，心不寧定，三
時起。希聖以擬成之件送來，組織未妥，仍送還之。並請
其協助改擬戰時教育案。閱六組批表等。六弟來報告今日
開會質詢黨務案之情形，殊覺某一部分同志以有組織的形
式提質詢為過當。六時卅分晚餐，餐畢，與力子先生敍談
久之。十時芷町來談省級行政並研究三聯制之總檢討案。
十一時後起草各案，並改正教育案。三時卅分畢，始寢‧

11月15日　星期日　陰　六十四度

八時許即醒，九時起。以昨擬就之件送黃山。呈委
座核閱。十時卅分送中央黨部，參加特種審查組，到委員
十八人，由哲生主席。因昨晚非正式送出要點十二點，楚
傖膠柱鼓瑟，以兩件絕不相干事聯成一氣，幾鬧笑話，經
余說明始瞭然。今日之會為檢討歷來宣言政策而召集，各
委員發言甚多，十二時乃延會，即歸寓午餐。餐畢小睡
起，胸次廓然，發覺閒適。與允默談話甚久。五時鐵城送
來歡迎詞稿。六時卅分自誠來談。九時謁委座歸，處理四

組件，並改正昨擬之件。十二時寢。

11 月 16 日　星期一　陰　五十九度

八時卅分起。即赴國府參加十中全會，先舉行紀念週，由總裁致詞，指示注意要項八點。又謂當前三弊，在不實施、不負責、不求結果（無著落）。接開第二次大會，由孔作政治報告。十一時英國議員團到會參觀，總裁致歡迎詞，代表各致答詞，對總理及本黨備極頌揚。余告養甫，謂英國三大黨議員一致參加中國國民黨會議，此民十三、四年萬不能想像者也。十二時卅分散會歸寓後午餐。處理急要件數件，注射針藥。一時卅分午睡，睡時過久，轉多惡夢，四時後始起。辦發致全會秘書代電四件，吳德生來訪，談卅分鐘。閱六組件及四組文件。十時芷町來，十一時力子先生來談。十二時卅分睡。

11 月 17 日　星期二　陰　六十二度

八時起。今日全會第三次大會，係特種經濟報告，由賀常委報告管制方案。午後續開大會，請各省主席報告執行管制物價政令之利弊。上、下午大會均極熱烈，發表意見者甚多。正午十二時卅分往訪蔣夫人，繼談對國外宣傳之意見，並請其轉勸委員長力減繁勞，以節精力。下午二時略作午睡。三時董顯光君來訪，談出國事。顯光去後，閱外交電並處理文件。晚餐後處理四組件，研究免役稅問題，無甚結果。因繫念全會事，往訪吳秘書長，談甚

久。又與張主席談話。十二時卅分寢。

11月18日　星期三　陰晴、下午雨　六十度

八時三刻起。精神疲弱不振，未赴大會出席。今日
為四次大會，何總長作軍事報告，達二小時半以上云。余
在家無事，批閱議案全文，並辦發文件數件。午餐後小睡
二時卅分始起。已過政治組審查會時間，遂不往參加焉。
三時到中央黨部秘書長室，出席總決議案起草談話會。由
戴、孫召集，到君佩、楚傖、均默、蘭友及余共七人。
李、孫、戴發言甚多，至六時卅分散會。晚餐時舍我等來
共餐，甚熱鬧。今日蔣夫人離渝，赴國外養病。閱六組件
畢，芷町來談經濟作戰部事。十時往謁委員長，談卅分鐘
歸。十一時就寢。

11月19日　星期四　陰雨　六十度

八時卅分起。今日大會為考核委員會考察報告及行
政三聯制之檢討，余未出席。十時到怡園，訪子文部長，
談英美外交及其他，並詳細叩詢其戰時設置國際機構之主
張，談一小時許而歸。閱外交電多件。午餐後小睡起，精
神稍佳。以季陶函約，遂往訪之，商宣言起草事。誰知一
談三小時以上，彼一人獨談，滔滔不止，余旁坐傾聽，又
不能表示倦容，最後天黑，乃匆匆陳述余之意見而歸。頭
痛乃不可止。晚餐後唯果來談，又聽自誠之會客報告。八
時到官邸，委員長約岳軍、希聖及余三人往談，擬於星期

一發表關於國際形勢與中國抗戰之報告。九時卅分歸，十時卅分接宣言草案要點，係蘭友、均默所擬，即為呈送委員長。與希聖商談，並辦四組件。十二時寢。

11 月 20 日　星期五　雨、寒甚　五十九度

今晨七時即醒。昨雖服藥如常，而睡眠不及五小時也。心思煩亂，至八時後乃起。然精神不振極矣。九時往大會會場，今日為各省市報告。十時休息，在休息室中與哲生、季陶、君佩、楚傖、均默等，續商宣言內容，至十二時完畢。十二時卅分到官邸午餐，商談中美新約事。二時卅分散，與亮疇先生談十五分鐘，冒雨而歸。歸即傴臥，而睡不深，四時前即醒。筆錄宣言大意，呈請總裁指示。六時得覆可，即送均默起草。夜監譯覆邱相、兩院議長及藍浦森函件，並為校正。貴嚴來談經濟作戰部事甚久。旋芷町來談。十時卅分後校閱希聖所擬件未完。十二時寢。

11 月 21 日　星期六　陰雨　五十七度

八時卅分起。委員長以電話詢問太平洋學會代表出國事，並指示全會宣言補充之點。今日上午、下午均開大會（各省市報告及黨務檢討），余上午未出席，將希聖所擬講演稿審閱修改，至十一時卅分完畢。公洽秘書長來談，辭意頗堅，知其在院實有不能執行職權之痛苦也。下午氣候驟寒，可服厚棉衣。為恢復疲勞計，不閱公事，與

六弟、四弟等閒談。晚餐後實之來談甚久。與望弟談學素
家事及其今後之出處。今晚芷町未來，十時卅分往訪亮疇
先生，商酌譯件。十一時卅分歸，就寢。

11月22日　星期日　陰　五十七度

　　八時卅分起。今日精神甚感煩亂，心中繫念全會
事，憂思紛起，不可遏止。李伯豪主席來談粵政，黃麟書
君同來。李君似與當地軍事當局仍有芥蒂。旋熊哲民主席
來談陝政，對物價管制有銳意自任之勇。午刻梁均默君以
宣言稿攜來，商酌略談而去。午餐後未及午睡，閱宣言初
稿，略為刪潤字句，即送呈之。並辦理函札三件，與四
弟、六弟等略談近事。孟海、乃建均來談甚久。晚餐後亮
疇先生來談。九時卅分往謁委員長即歸。十一時就寢。

11月23日　星期一　陰　六十度

　　八時二十分起。出席全會紀念週，總裁親臨主持並
訓話。對於今後黨務之設施及其方式有詳盡之指示。歷一
小時餘而畢。休息十分鐘，接開第九次大會，余與季陶研
究宣言草案，遂未出席。季陶談話之興甚濃，至十一時
十五分始歸。委員長交下指示事項一大帙，命補充整理
之，迄未能著手。午餐後小睡至三時許起。允默今日患傷
風甚劇，余亦患劇烈之頭痛，自申至戌，頭腦暈重，完全
不能工作。八時卅分到官邸晚餐，對委座談全會事，亦瑣
雜不得體要，蓋精神實甚疲矣。歸後仍不能作事。至十一

時寢。

11月24日　星期二　陰　六十度

八時卅分起。整理委員長交下之指示事項，歸併為：

（一）關於革新本黨精神，策進本黨工作者；

（二）關於地方黨務者；

（三）關於地方行政者之三大類。

條目繁多，則歸併刪節之。太瑣細具體之事項則未列入。直至正午始完畢。午餐畢，小睡未熟睡。下午仍未出席大會，辦理本室之積疊文件。四時委員長約往談，對宣言續有指示，命補充兩大段，並刪節一段，歸後略加研究。晚餐後本擬動筆，而季陶來談，仍縷縷不已，一小時後始去。今晚乃建、芷町先後來談。委員長對指示事項續有更改，新加若干條，接中央應辦之具體工作，即為整理修改，明晨以代電發出。十二時卅分寢。

11月25日　星期三　陰　六十二度

晨不能寐，七時即醒。著手重擬宣言，就梁君草稿而刪潤之。今日發代電一件，為司法行政部改隸行政院事。九時委員長約往談，研究常務委員選舉之手續，並詢全會各事。歸後寫宣言，至午刻僅成前兩段，稍停休息，略進午餐後即睡，至五時卅分始醒。接續撰寫，腦筋雖疲勞，而筆墨機勢尚順，至六時卅分告成。全文約三千二百字，交付繕寫。忽因公役傳語錯誤，動怒不止，殊傷元

氣。夜委員長又約往談話，將宣言核改交下，並詢人事，略陳所見歸寓，已十時卅分。遵照修正，並加標題，即交繕補。一面交六弟明晨送大會油印，事畢後為條陳人事意見作一長函，就睡在十時後矣。

11月26日　星期四　陰　六十度

八時五十分起。委員長約往談，指示數事，命轉達全會秘書長。歸後即為轉達。此時忽覺四肢發冷，乃補睡一小時餘，十二時許始起。又至委員長處有所承商，旋即赴中央黨部午餐。餐畢，討論宣言，二時卅分後始歸。仍小睡至四時許始起。今日仍未出席大會也。熊純如丈在寧都病故，甚可悼惜。余幄奇長官來，值午睡未接見。五時後再度修改宣言草案，委員長亦略有文字之修正。晚餐時蕭秘書自誠來談，略談即去。旋貴嚴主任來詳談。貴嚴去後，將宣言草案補正。九時卅分偕鐵城、貴嚴同謁委員長，為經濟作戰部事。十時卅分歸，往訪力子，談宣傳事。十二時卅分歸。即睡。

11月27日　星期五　陰　五十八度

八時卅分起。九時卅分出席全會第十四次大會，通過政治、經濟、財政、交通、糧食等各決議案，一時散會，歸寓午餐。餐畢小睡，未成眠。三時再往全會，出席通過司法行政部改隸案及平定物價決議案，又通過特種委員會之報告關於中共問題者。繼討論宣言，發言者甚多，

與季陶、蘭友、公展、均默至別室整理之。六時卅分舉行
常務委員之選舉，子文、伯南、禮卿、公展四人獲選。七
時卅分舉行畢會事。八時與力子、滄波同歸寓晚餐。夜間
謝冠生部長來談。旋芷町來談經濟案今後執行之研究。
十一時卅分洗澡就寢。

11 月 28 日　星期六　陰　五十七度

　　八時起。昨晚未服安眠藥，而睡眠仍極不佳，且有
畏寒之象。晨起後即覺精神疲勞，而頭痛特甚。以連日未
料理積事，乃不得不強起為之。閱六組件多件、批表十餘
件、外交電三十餘件。關於公路運輸者則交第二組存閱。
又檢閱全會文件，深覺此次全會無異一訓練黨員之會議，
全部時間四分之三均為報告與檢討工作，惜主席團中缺乏
重心，戴先生事事避嫌，知而不言，果夫資望稍遜，欲補
救而無從進言，以至討論質辯時仍不免散漫無歸。唯總裁
親臨主持時，則稍見整齊耳。黨之不振，由來久矣，可為
深慨也。十一時方之來訪，談彼自身出處，頗諷其引退，
愛人以德，亦我盡我心而已。午餐後小睡，以頭痛，且室
外聲繁，未熟睡，三時起。閱公私函札十餘件，有極難處
理者，亦有極冗長者。又閱六組本日送來之件。五時王芸
生君來談美國邀我記者訪美事。谷紀常來談西北建設事，
約四十分鐘而去。陶百川君來談中央日報事甚久。旋芷
町、唯果來談，處理四組文件十二件。七時卅分到中央黨
部，應總裁約會之敘餐，本備有影片，余以頭痛未觀即

歸。憐兒、皚兒來家，與談話久之。十一時就寢。

11月29日　星期日　陰　五十五度

八時卅分起。十時吳國楨君來訪，將調任外部政次。旋天放來談。十一時洪陸東次長來談司法界近況，並言郭雲觀有志之士，政院可延致為參事云云。又談石曾先生等在國外之活動。十二時卅分始去。午餐後小睡起，招細兒、憐兒及皓、皚等四人談話一小時。學素來訪，謝余請發其父喪儀之意，知其感傷，盡力安慰之。李德鄰長官來談甚久。關於軍事、經濟、黨派處理均有所談。六時公展來談。旋唯果來談。七時約芷町來，處理四組各件。八時委員長約往晚餐，有所報告及請示（今日手諭擬告教界書）。九時卅分歸，致何總長函。十一時寢。

11月30日　星期一　陰　五十五度

八時起。九時往國民政府參加中央紀念週。林主席訓話後，委員長亦致詞約卅分鐘。十時卅分禮畢，與立夫、果夫等談教育問題，又哲生先生、亮疇先生談話。十一時歸寓，余幄奇長官來訪，談粵省軍政，似對省府頗存芥蒂，聞之令人慨合作之難。午餐後小睡不成眠，傷風頭痛甚劇，四肢亦作酸，乃休息假臥半天，至六時卅分起而晚餐。與力子先生談蘇聯之將來。八時自誠來，攜來今日演講紀錄，即為校閱修正，交其帶去。十時芷町來，談國家總動員會議事。處理四組文件十餘件，改正全會中訓

詞紀錄一件。十二時卅分寢。

12月1日　星期二　雨　五十四度

七時五十分起。八時出席本室國民月會，講十中全會決議案之要旨，約四十分鐘。九時續開講演會，請力子先生講對蘇外交，詳敘三年來蘇德、蘇日關係之變遷，十一時始畢。歸寓略休息，王亮疇先生來談，商下週開會事及法規整理事。吳文藻、謝冰心伉儷來訪。十二時卅分午膳畢，小睡至三時卅分起。四弟今日患瘧疾，故昨日交擬之告教界書不能完稿，此文勢非自作不可矣。傍晚陳藹士先生來談虛雲法師來渝事，約一小時餘始去。閱六組件七十餘件，甚覺費力。晚餐後與力子先生談舊事。十時公洽秘書長來訪，談行政院事。十時卅分後處理四組文件，甚見紛煩。十一時卅分寢。

12月2日　星期三　雨　五十三度

八時卅分起。連日精神不振，待清理之見甚多，均不及動手，最近又將有成都療疾之行，心緒甚感煩亂也。蘇培成、邵華兩君來訪，邵君以辦國立第八中學，述其辦學經驗，知頗能推行生活教育。客去後，清理積疊函札十餘件。午餐後小睡至三時卅分醒。傷風已五日餘，今日有劇增之勢，且天氣驟冷，甚感不舒。傍晚毓麟兄來談。八時委員長約往晚餐，談小冊子事及黨政人事。九時歸，順道訪貴嚴主任。十時卅分回寓，處理四組文件，閱國際宣傳處預算（全年達國幣千萬）。十一時卅分寢。

12月3日　星期四　雨　五十四度

八時起。八時卅分立夫兄來，詳談教育行政之難辦，言下有呈辭之意。九時卅分俞國成君來訪。十時黃旭初主席來談廣西之政治，約卅分鐘而去。午後往訪公洽秘書長，託其代達鐵道部更選之事。回寓小睡極酣適，四時始起。五時往外交部訪傅、錢兩次長，面達委員長意旨，並告新任人選。歸寓後約雷渭南次長來談，告已將有新職務相畀。唯果今日兩次來談，決意辭外部總務司事。傍晚閱六組件，夜張公權部長來談，謝委員長許其休息之意，並有出國考察之請。旋成舍我君來，詳談其新聞公司之計劃。十時後處理四組公事，有教育案數件，甚費斟酌。十二時卅分就寢。

12月4日　星期五　陰　五十二度

八時卅分起。紀述委員長二日晚間指示之語，送交希聖，補入於「中國之命運」稿內。並閱外交電多件。澤永甥來見，近日實無暇與之談話也。中餐後小睡醒，又心煩不止，以語力子先生，力子謂此乃心臟不健全之徵。三時盧滇生兄來談，旋約希聖來談哲學會事。俞秘書國華來談二十五分鐘而去。盧作孚次長來訪，表示因近來患病較劇，堅請辭職，談一小時始去。曾虛白處長來談國際宣傳處預算事。晚餐後約學素來談本室區黨部各事，約一小時而去。閱六組呈件多件，與何總長、李司長、傅次長通電話，接洽十二月七日同盟領袖通電之事。十一時開始閱四

組公事。沈成章秘書長來訪。十二時卅分寢。

12月5日　星期六　陰晴　五十二度

　　九時十五分起。因工作堆積，雜務常未間斷，對於成都之行，不能從容準備。適委員長約於今日前往黃山晚餐，忽感時間不敷分配。又以委員長問及事略編纂事，深感平日事繁，未盡督促之責，不覺焦悶愧悔，致形諸詞色，有失態之言。事後思之，殊屬不合，然實為病象，不能控制。此情景殊非他人所能知，即四弟與望弟亦必感覺莫名其妙，獨允默知我之痛苦耳。中政校講師高介植同志來見（即翻譯戰爭與和平之高地君），與談二十分鐘，多所指示而獎勉之。十一時往訪雪艇部長，述委座決定中宣部繼任人選之經過，並談設計局等諸事。十二時鐵城秘書長來談常會及全會會議案等事，約一小時而去。二時卅分進午膳，與芷町兄研究關於查辦穆藕初事，即辦發簽呈。三時就睡，致四時卅分起。六組送公事來，退回請唐組長代核。五時卅分力子先生來詳談俄使館事。浩徐副秘書長及翁部長詠霓來訪，均以病辭。蓋今日週身發冷，精神不佳也。四弟代擬告教界文太冗長，不能用，指示改正之。唯果兄送來委座七日致羅、邱電稿，為改正其中文譯稿。六時卅分芷町來。以時間已晚，且精神不佳，以電話陳明，未赴黃山。晚餐時覺精神稍佳。夜審核教員任用法及國際宣傳處預算案，並處理四組文件，簽擬關於中國哲學研究進行辦法之意見。與啟煦談話。十一時卅分寢。

12月6日　星期日　陰　六十二度

　　九時起，約集王、孫、袁三編纂談話後，即將已編各年事略整箱面交其存儲，並以明儒學案摘抄本三冊交其攜去黃山，面呈委座（三君今日均應君赴黃山午餐，余原亦被約同往，但頭腦眩暈不止，故未同行）。繼談編纂業務之進行，詢之三君，皆以司書抄寫遲緩為詞，致二十年以前之增訂工作尚未完竣。實則此一年來，王、孫兩君因顧念家鄉及不堪生活壓迫，而精神漸趨弛懈；袁君孟純則過分矜持，工作速率猶見落後，要皆余平時雜務太多，未能勤加督導之過也。午前十時本室會報，因病請假未出席。料理積件，作簽呈兩件，為中國哲學會內設置中國哲學研究會等事。又請將思想與時代月列經費增為國幣二萬元。午餐後小睡，神經緊張，未能深睡，三時起後，猶覺昏昏有睡意也。擬修改四弟所擬之告大中學校長教職員書稿，而心力不繼，對卷心繁，輒復置之。傍晚果夫先生來談甚久。其論人才短長與余之意見有吻合者，亦有言不相合者。毓麟、乃建先後來談。夜處理四組呈件。九時委員長手函詢病，九時卅分往見，交下人事名單一件，擬以賀主任擔任渝市市長，余恐其不就，婉請考慮，未蒙允准。歸後與芷町詳談，並準備人事提案。至十二時後就寢。

12月7日　星期一　陰　五十一度

　　八時卅分起。到官邸一轉，以人事提案請核簽，奉命往國府，謁林主席請示。主席完全同意。九時舉行紀念

週，孫哲生先生講演美國軍事造產推進之概況，甚為精
采，歷一小時許始畢。接開中央常會（余未列席），通過
以張道藩任中宣部長，滄波副之；張毅敷為組織部副部
長；狄君武為中央副秘書長；甘乃光調國防最高委員會副
秘書長。十一時十五分接開國防委會九十八次常會，通過
以陳公洽調任黨政考核委員會糨書長；雷殷、李基鴻分任
政務組正、副主任；張厲生為行政院秘書長；曾養甫任交
通；張嘉璈調政院顧問；吳國楨、胡世澤任外部次長。
十二時三刻散會，到官邸，奉交手啟兩紙，即發出之。回
寓後貴嚴來談，不願任市長，已向委座面辭，竟受指責，
不勝抑鬱，盡力慰言之。曾虛白處長來訪談，半小時始
去。三時卅分午睡，四時餘醒，辦發函件三件。約滄波來
談，囑其此後宜專心協助道藩，充實宣傳工作。各友電話
紛來，幾於應接不暇。六時許秘書來談。唯果、毓麟來
談。六時卅分貴嚴來談。知第一處主任已發表林蔚文矣。
彼對渝市市長仍堅決請辭，余切勸其竭力忍耐，三思而後
行，彼留辭呈一紙而去。晚餐後芷町來，處理四組各件，
並決定國家總動員會議組織條例。九時往謁委員長，黃主
席季寬來謝辭。季寬去後，余留談十五分鐘乃歸。核閱人
事調整新聞稿，並續發委座覆澳總理及加總理兩稿。時已
十二時卅分，已精力交疲矣，幸唯果相助為理。一時後乃
洗足服藥就寢。

12月8日　星期二　晴　五十四度

九時起。俞秘書來,攜去卅年下半年日記,二十九、三十年雜記各一本,呈交委座。十時李伯豪主席來訪,韓漢藩同來。十一時國防會鄧、秦兩祖長及王唯石秘書來訪。午餐後晏旬樵兄來訪,談半小時去。小睡至三時起,盧滇生君來談甚久,意欲擺脫現職。四時到堯廬,閱本室會報,林主任、賀主任、各組長均到。六時完畢歸寓。張道藩兄來談宣傳事,留與晚餐。餐畢,龔賢明(邵先生之友人)來談,為作介函致哲民主席。甘副秘書長來談國防會事。甘去後,又與道藩談一小時。唔公展兄及董霖。今日委座下手諭四十餘紙,交余者二紙,均交希聖兄辦理。處理四組文件畢,十一時五十分寢。

12月9日　星期三　陰　五十二度

九時卅分起。擬往訪林主任,知其尚在軍令部乃中止。考慮成都之行,不得不暫時延後,去電岳軍,改於十四、五動身。蓋此間事不能不稍作從容準備也。然賓客太多,應接不暇,決暫赴山洞休養兩日。十時卅分王亮疇先生來,徐景薇參事同來,談編訂法規事。十一時一刻果夫先生來談中政校及中訓團高級班事。擬議人事,簽報核示。果夫去後,雪艇來談設計局之組織及中宣部移交事。改派唐維、曹聖芬為區黨部總幹事及幹事。一時午餐,餐畢,芷町、唯果來談。致宋外交一函。二時卅分小眠,四時醒。整理雜物,分囑祖望、叔諒等準備諸事,作函數

縅。五時卅分乃與允默偕啟煦乘車赴山洞，六時一刻到達，七時卅分晚餐。餐畢小坐就寢，十時始入睡。

12月10日　星期四　晴　五十一度

九時五十分起。昨晚服 S. Amytal 一丸，藥量不多，而眠眠殊酣，可見與環境有關也。今日上午晴朗有日光，與允默及啟煦姪至舍外散步。落葉滿徑，今年山中天氣較寒多矣。過丁先生之居，相值於門首，略談數語而歸。十二時卅分午餐，餐畢與默等閒談。二時後仍小睡，至四時始起。頗覺精神怡適。讀時代精神雜誌所載之論文十餘篇。七時晚餐，食山芋甚鮮美。餐畢，擬整理雜件，但天氣太冷，不欲作事，僅寫信二、三函。至十一時卅分洗足就寢。

12月11日　星期五　晴　四十九度

九時卅分起。昨晚未服藥，睡眠不暢。晨起後，精神頗覺散漫。山中氣侯寒冷，幸有日光，即出外游山。在山嶺上步行一小時而回。觀魚塘車水，久之而回。周副官來見。向午小睡一小時許，一時午餐。餐畢，偕啟煦由新馬路回渝。允默則留山寓，整理物件。二時到達後，再睡一小時餘起。辦簽呈若干件，與四弟商洽保舉本黨同志中能文之士。傍晚實之弟來談。晚餐後滄波來談宣傳部事。芷町來談組務。唯果來談外交部事。十時芷町去，鐵城先生來談中央黨部各事。至十二時後始就睡。

12月12日　星期六　陰　四十九度

七時卅分起。校改全會講詞兩篇，又開會日訓詞一篇。自誠今日所記略有進步，但余為之校閱修潤，仍費四小時光陰，以其不知剪裁，而反以鋪敘支蔓為尚也。賀自昭簽請增加編譯哲學名著之經費，交四弟與希聖商辦。午餐後小睡起，果夫於今午來談甚久。四時本擬往謁委座，知已去黃山，遂不果往。傍晚由辛來談。六時約希聖來談。六時卅分到堯廬公宴賀主任、林主任，各組組長均到。餐畢驩敘至九時卅分歸。十時卅分芷町來談總動員會議情形，作函六緘。十二時寢。

12月13日　星期日　陰晴　五十度

九時起。往訪蔚文主任於堯廬，談一小時而歸。以假期內諸事託其照拂。歸後李蒼霖秘書來談。曾養甫兄來談甚久。午刻毓麟來談。今日允默自山洞來，商定決於十五日成行。午後小睡至三時起。奚玉書來，囑六弟代見之。鄭彥棻君來談廣東政務概況。旋許卓修祕書來談。發各友告別函數緘。蔣國濤副官來談。晚餐後唯果夫婦來談。孟海來談組務與工作。夜九時芷町來，商定簽請委座以鄭經毓補秘書，調沈宗濂來室服務。十一時卅分事畢。十二時就寢。

12月14日　星期一　陰　五十度

九時起。整理物件，準備行裝，以各件均散置，自

四、五月以來均未清理，頗感凌雜，故整理頗覺費力。自
十時至下午四時，始將對外函電各稿等歸併為三夾，而其
他暫存各件，則分別處理，並交送四組，交還希聖兄與四
弟，一面將私人函件及外交電等一併閱覽處理之。碌碌終
日，未得稍休。各方友人紛來送行，佩秋秘書及自誠均來
談。倍感應接不暇。七時到官邸晚餐，向委座謁辭，報告
假期內交託諸務。委座諭令專心靜養。八時卅分歸，力子
先生來談甚久。芷町亦來略談。貴嚴市長來訪談半小時。
滄波來談約一小時。又與希聖接洽文告之件。與四弟、六
弟、望弟等談話，直至一時許就寢。

12月15日　星期二　陰　五十度

八時卅分起。昨晚睡眠未熟，僅睡四小時，甚感疲
勞，乃中止成都之行，亦因尚有數事未及料理也。午前修
正在西寧關於民族問題之講詞呈核，並起草致教育部代
電，飭編三民主義社會科學各科書籍（中學程度），以供
黨員閱讀之用。中午果夫來談關於中訓團事。午餐後小睡
仍不酣暢，三時起。往訪周惺甫部長於遺愛祠，談內次更
迭事。又往教部及高廬訪立夫，均未唔。五時立夫來談工
業建設之意見，約一小時去。今日午後精神尚佳。夜辦理
關於編譯哲學名著增加經費之件。與望弟、四弟談話。芷
町來話別，以諸事再託付之。十一時卅分寢。

12 月 16 日　星期三　陰　五十度

余今日乃得實行赴成都養病之計畫。此事戚壽南醫師提議甚力，蔣夫人臨赴美前亦勸余接受此議，當全會舉行之前，委員長面諭准假一個半月，會畢即可成行。然自十二月初旬起，對外接洽之事更繁，在職務上實不宜離開，因是一再展期，至昨日各事清理就緒，遂於今日成行。擬作兩個月之休息，以回復健康。上午八時卅分起，公展來談。旋往力子先生處告別。九時後孟海、學素、希聖、自誠、唯果、宇高諸君均來送行。九時三刻偕允默動身（攜陶副官偕行），唯果附車送余至李子壩始別。十時卅分過山洞，允默入山寓略為料理，旦姨來送於門首。十一時卅分過青木關，至一時卅分抵永川境內之瓦子舖鎮。車輪前左胎忽因軸心折斷而脫離車身，向前直駛約九丈餘，勉力停住，下車檢視，已不能行。乃命陶永標到永川縣城，以長途電話告重慶，另派一車來。三時來一警士，留同照料。四時五十分雇滑竿及挑夫運行李，計程今日不能前行，遂至永川四美軒賓館過宿。旅舍偪仄但不清潔。七時永川縣長楊子壽、警察局長李克遠來訪，楊成都人，極健談，八時去。晚餐畢，草草料理即就寢。

12 月 17 日　星期四　陰雨　四十九度

七時卅分起。昨晚重慶另派一小車來，八時許抵永川，竺副官亦同來照料。研究車輪脫軸之原因，莫名其故。但皆謂前胎出事最為危險，若在窄道曲折轉灣處，或

前有斜坡，或迎面有來車，均有傾撞之可能，今幸在平直
之路上安全無恙，殊自慶也。八時十分由永川起行，十時
卅分至稗木鎮渡河。適河口有一郵政車，橫在水中，蓋一
小時以前由對岸渡來，因司機不慎而落入水中者。渡頭無
人管理，余之車及後來各車輛均不得渡，幸有憲兵排長，
為尋覓管理員韓姓來，將船頭本製跳板斜移於舟上，始得
安渡。十一時十分到內江，郜子舉司令派副官來迓，至其
家中小憩，並堅留午餐。郜君夫婦款待殷懃，至為可感。
十二時五十分餐畢辭出，乃向資中、資湯、簡陽前行。過
簡陽時，後胎破裂，換胎再行。至五時卅分始抵龍泉驛山
下，天已昏黑，來車甚多，車行山嶺間殊有戒心，至七時
許乃抵成都郊外十餘里之地。行轅劉祕書主任壽朋兄親自
郊迎，遂偕之入城，至西勝街十六號金城銀行招待所，岳
軍先生為余所預備之住處也。鄧經理君直、葉副理綱宇設
饌相餉，八時岳軍先生來同餐，餐畢略談去。十一時寢。

12月18日　星期五　陰　四十八度

八時五十分起。早餐畢，往華西後壩公行道訪岳軍
主席及其夫人，適俱外出，未晤遂歸。旋張夫人以電話致
允默，知頃間外出，乃至牙科醫院為余接洽檢驗時間也。
十時卅分發兩電：一報告委員長，一謝郜司令。十一時方
善堉、張明鎬、虞祥卿夫婦及洪可南諸親友來訪，談一小
時許別夫。午餐後小睡約五十分鐘即醒。四時卅分郭子
杰、胡次威兩廳長來訪，談四川教育及新縣制推行概況，

並談川大近情。旋鄧君直經理來同晚餐。餐畢留談一小時餘去。葉綱宇君亦來談。十時卅分就寢。

12 月 19 日　星期六　晴　五十度

昨晚睡服藥，而睡眠不佳。今晨疲甚，睡至九時卅五分始起。盥洗畢，即偕允默同赴張公館，訪晤岳軍夫婦，略談二十分鐘。承伴同至華西大學牙科診療所檢驗齒牙，適上午無電，不及用Ｘ光線照片。院長凌賽及主治醫士孔仁為余及允默各作初步檢驗，並陪同參觀其所內各部之設備，約一小時餘。約定星期一再往就診。十一時十分與岳軍夫婦作別歸寓。午餐後小睡未成眠。起至庭前曝日光久之。溫煦舒暖，精神甚怡適也。馮志翔、張明煒諸君來訪，談一小時餘去。夜與允默閒坐談話。十一時寢。

12 月 20 日　星期日　陰　四十八度

九時起。昨晚睡眠稍佳，今日精沛亦頗健適。十時偕允默赴鼓樓南街訪洪鐘新兄（可南）夫婦，六弟之內弟也。千里而來，經營商業，頗為活潑，而性分誠篤，自言旅蓉已四年矣。霸兒姪即寄居其家，值星期歸省，余夫婦乃攜之來寓。念其失母，頗愛憐之。與之談話，詢其課業，覺其應對有禮，頗為喜慰，留與午餐。二時命人送之歸。黃季陸君囑吳右綸（宣傳秘長）同志來訪。小睡至四時許起。知警備司令嚴君嘯虎、警察局長方超均曾來訪，闍者以養病謝客辭之。軍管區司令部參謀長徐思平（孝

區）亦來訪未晤。夜與岳軍通電話。十時卅分就寢。

12月21日　星期一　陰、下午晴　四十九度

　　七時即醒，九時起。盥洗畢，即與允默同至華西牙科診療所診牙。今日仍無電，院長凌賽決定為余先去右上顎病牙一顆及牙根一枚。用麻醉劑注射，毫無痛苦。岳軍夫人前來照料，洵可感激。十時出院，至上中東大街購藥而歸。麻醉液功效延及唇間，說話甚不便，至十一時後始癒。錢新之先生來訪，談卅分鐘去。午飯時舊齒牙仍能咀嚼如常。飯後小睡至三時許起。精神頗閒適。允默方作家書，余獨行出外散步，約一小時歸。中央銀行經理楊孝冠來訪，萬教育長午樵及陳粹芬君來訪，均未晤。夜讀白香山詩。作函數緘畢，十時洗澡就寢。

12月22日　星期二　陰　四十八度　冬至

　　八時起。作函二緘，寄望弟、四弟、六弟及唯果兄。九時卅分到華大牙科診療所診牙，今日有電攝 X 光片五片。孔仁醫師及宋儒耀醫師同為檢視，凌賽醫師為洗片驗視甚久，尚未斷定應去幾顆。大約須明日方能確定也。今日本擬請再去牙根三個，但宋醫師謂宜休息一天，僅為洗刷而已。十時五十分回寓，寫寄屬生兄一函，均擬託明鎬兄寄渝也。午餐時允默以今日為余之生辰，特為備麵相餉。余自茲乃滿五十二歲矣。知命之率已過其二，何可長此戚戚不為樂天盡性之計乎。午餐畢，閱報半小時，

就床小憩，至二時卅分起。下午接委員長養電，囑專心調
治。近日真感覺友情之厚，人生之可樂，胸次寬朗，與在
渝時情形不同矣。三時卅分官處長大中來談，鄧君直、葉
綱宇二君亦來談。旋明鎬來訪，以致養甫之介紹函面交
之。六時卅分應岳軍先生伉儷之約，與允默偕赴其家晚
餐。同席者張君伯常、陳君裕光夫婦、萬君武樵夫婦及吳
貽芳博士。主人情意殷摯，餐畢再留談一小時餘在岳軍書
室中觀樂西路工程攝影集，與伯常略談西康近況，九時卅
分辭歸。略有胃疾，十時卅分就寢。

12 月 23 日　星期三　陰、晚雨　四十八度

八時卅分起。盥洗畢，即至華西壩診牙。林賽醫師
無暇，由宋儒耀君為余診視。拔去上顎之缺牙及牙根，約
七顆，當拔門牙之牙根時，雖用麻藥仍覺疼痛，蓋前上顎
之感覺較敏也。出診療肝時為十時卅分鐘，即與允默同車
歸。麻藥延及唇部，至十二時十五分始完全回復常態。
今日所去者雖皆為斷缺之齒牙及牙根，入顎不深，去除
亦易，然畢竟以部位太寬，顆數太多，故去牙後稍有浮
腫與微痛之感覺。午餐仍食飯，以左顎盡頭處之上下三
牙司咀嚼。進熱湯時，新拔之處受刺激作痛。餐畢乃服
LUMINAL 一丸而睡。至二時卅分醒，已不復作痛矣。四
時十分李幼椿、魏時珍兩君來訪，談川康農工學院事。魏
君言學校常費每月至少需國幣四萬元，而設備費尚不在其
內，每月月收入僅三萬五千元，斷難持久，將要求董事會

設法籌措，或請改為國立，余先與岳軍先生商之，以彼為
董事長也。李君復為余談中國青年黨之近狀，力言其擁護
國策出於真誠，如有人疑彼黨內交結軍閥別有企圖者，望
余為辯正之云云。談至六時去。七時晚餐畢，讀唐人詩。
十時卅分寢。

12月24日　星期四　陰、夜雨　四十九度

　　七時卅分起。到成都已七日矣，飲食甘美，胃腸
通潤，尤以夜間睡眠較酣，廿一、廿二兩日均未服安眠
劑，而睡眠未受如何影響。僅中宵屢醒，然亦不久即
安睡如常。昨日因拔牙太多，恐其作痛，故臨睡再服
LUMINAL 一丸，於是睡眠更見恬適。凌晨自然醒覺，
不若在重慶時之昏沉莫辨醒睡也。今日由遺族學校送來
牛乳較濃厚，盥洗畢即服一杯。八時卅分去華西壩。九
時宋醫生來，為余在去牙處敷藥畢，即為允默拔牙。據
其診斷，右下顎須修補金橋，並取牙腳；左上顎須拔去
兩顆或三顆，今日先去左上顎一顆，似甚費力，蓋彼之
齒牙較余堅固也。十時歸，接友人函二件，閱報兩種。
午餐時食麵包及稀飯。餐畢小睡，至二時卅分起。與重
慶通長途電話，祖望來接談，知處中各事如常，希聖正
忙於撰製元旦文告也。四時卅分劉壽朋兄來談川康軍民
各政近況及成那行轅之組織等，約一小時而去。接蔚文
先生覆電，謂四、五兩組事當代為照料，殊為感慰。晚
餐後略覺胃部有不消化之象，蓋今日服牛乳過多也。校

讀「黨員須知」一冊。十時卅分寢。

12 月 25 日　星期五　陰　四十五度

　　七時卅分起。昨晚未服藥，亦尚能安睡。成都天氣與重慶無大異，惟早晨天明之時間似較重慶為遲，六時卅分猶陰暗莫辨，至七時始大明。故市民多晏起，商肆有遲至十時始開門者。積習甚難改革也。今日為耶誕節，醫院休假，但有急診仍特為診治。余等以宋醫預約，乃於八時卅分往診。宋醫初為允默檢視敷藥，繼又為余重檢敷藥，以明日休假，後日星期，紂余等星期一上午九時再去就診云。由華西壩歸，過少城公園下車，偕默入內遊覽。由正門入，環行一周，過民教館邊門而出。至市肆食早點少許，歸寓已十時餘矣。今日氣候更寒，擬出外訪友未果。張伯常主任來訪，值外出未遇也。午餐食麵包及航委會出品之黃油。餐畢，仍小睡約一小時起。讀程頌雲先生詩集，即今年春間梓行之養後園詩集。集中多五言，規撫漢魏，格律甚高，微嫌單調耳。四時五十分與允默出外散步，由西勝街出同仁路，經西較場，循通惠街出城，又環城郭南行三十丈，仍遵原路歸，已上燈時分矣。次威來函，並示新縣制檢討近著。夜閒談。十時卅分就寢。

12 月 26 日　星期六　陰　四十二度

　　八時五十分起。昨晚仍未服藥，中宵屢醒，而睡中多夢。夢見季鸞先生者三次，一次在上海之報館，一次似

在四川旅寓中，又一次則相唔於南京中央軍校之官邸。夢境歷歷似對余多所規箴也者，豈平日結想之深所感歟？今日天氣嚴寒，起視庭間，落葉滿地，知昨晚刮風。聞灌縣今日飛雪，知近日成都區之氣溫將續降矣。十時張伯常君來談西康近況及康藏邊境防務空虛，夷患亦復隱伏之情形。尤以意志不能統一，命令不能貫通為可慮。伯常即將去渝，為作函介紹於蔚文主任，俾暢談康藏之防務。張君談一小時去。接積祚來函，言益弟即將來渝。又接唯果函，具道思慕之殷，其意可感。午餐後仍小睡約一小時起。讀四川省新縣制實施之總檢討，規模已具，而內容之充實未臻預期，此後推動之艱，特倍於前兩期也。尹志仁同學來訪，潦倒蹭蹬之狀，見之為之不怡。仕途奔競，殊無味耳。傍晚鄧君直君再來談，貽余灌縣雪山所產之白荳兩包。今日以畏寒未外出散步。又連日食牛乳，腸胃不佳，至晚乃稍瘥。燈下讀韓退之詩七十八首。十一時許服 IPRAL 兩丸就睡。

12月27日　星期日　上午陰、下午晴　四十二度

八時起。覆李唯果兄一函，又致胡次威君一函，論地方自治。致郭子杰兄一函，託代借書。致岳軍先生一函，告近日健康狀況，牙疾治療進度，並謝其關切之盛意。十時洪可南君夫人挈霸兒侄來訪。十一時張明鎬君夫人攜其兒女來訪，明鎬之內弟秦光甫君亦同來。均談一小時許去。午餐仍食麵包與稀飯，此一週來極注意於飲食營

養，惜胃部消化力仍不甚強，未能吸收養分，故尚未見效耳。昨晚雖服安眠藥，而睡不甚佳。今日擬廢除午睡，午餐畢，陽光甚美，乃與允默散步於郊外。出寓過同仁路北行，至奎星樓街口，即由城牆缺口出城。彌望青蔥，盡是菜畦。信步至培英中學分校，入校門巡覽一周。沿瑞城馬路穿南巷子進西門，過西大街繞道四街而歸。歸途購煨山薯攜回食之，甘美異常。今日下午凡步行四里許，覺四肢暢暖，甚舒適也。五時劉壽朋君來訪，談川省社會情形約一小時餘去。七時晚餐，燈下讀思想與時代雜誌謝幼偉、張其昀君諸文。張君文緻引繁商，論歷代時才，甚饒興味。十時十五分就寢。

12 月 28 日　興其一　晴　四十六度

七時三刻起。盥洗畢，作函一緘。八時三刻偕允默至華西壩，繼續診牙。林賽醫師臨診，與之商量，保留右上顎餘存之二牙。彼堅主宜拔去之，謂此二牙雖尚堅牢，但因下顎無牙，日久易位，遂向下伸長，著牙床處較淺，他日脫落極易，且與製設義齒有礙，不如去之為得。但今日且先去左下顎盡端之牙耳。遂由宋儒耀醫師在左下顎施蒙藥針，隔十五分鐘再來，注射半西西於較前之部位，以泯減一小神經之感覺。此時舌緣及裡顎皆作麻，乃開始拔除。共去大牙二枚，牙腳一枚，皆極牢固，拔去時殊不易之，亦稍覺微痛。十時手術畢，與默偕歸。自此齒牙無對稱支撐者，攬鏡自照，儼成老翁矣。十二時後麻藥之功

效乃去，午餐食麵一碗，略覺進食艱難。餐畢服 Luminal
一丸，小睡休息（未熟睡）。三時十分起。中央銀行經
理楊孝慈（名延森，畢節人）來訪，談及荷君、詠白諸
君，彼為詠白在日時高商同學也。郭子杰廳長送來狄斯
雷列傳，及其他傳記文學兩本。鄧晉康先生來函問病，
並餽食品。傍晚與默散步於少城公園，約一小時歸。七時
晚餐，燈下讀唐人詩及 Bryce 近人傳記研究。十時就寢。

12月29日　星期二　晴　四十二度

　　七時四十分起。八時一刻至華西壩，續修牙疾。聞
看護言，宋醫今日到城內出診，須下午方歸，約我等明日
再往，遂與允默偕出。順道至張公館訪岳軍夫人，談約一
小時而別。岳軍夫人為余等談兒女教育事，甚以青年風氣
不振，舊習慣未能滌除為憂。謂成都毫無戰時氣象，一般
均習於宴安享樂，其實此地清靜，學校設備完好，勝於渝
市，正為最宜於求學之環境。然各大學學生中仍有習為跳
舞，流連忘返者，滋可慨也。又詢余家兩女之學業，謂宜
為之留意擇婿。凡女子一到卅歲，則擇偶更難，常見有因
此蹉跎，不得嫁者。此實為閱歷有得之言。自張宅出，順
道至中央銀行訪馬太夫人未遇，約下午再往。十一時歸
寓，在庭前曝日讀書，甚感清閒之趣。午餐後略覺胃漲，
仍小睡約一小時。三時卅分擬往城內，而所用之車損壞，
以天時晴美，遂與默步行。由祠堂街、西御街、東御街，
而至暑襪街中央銀行，訪晤馬書城太夫人及馬劉慕俠夫人

（馬少雲之夫人），談約半小時辭歸。仍步行回寓。沿途
觀覽市況，徐行不覺甚疲。五時卅分回寓。岳軍約觀大獨
裁者影片，未往。夜讀唐宋人詩。至十時就寢。

12月30日　星期三　晴　四十二度

　　八時五十分起。盥洗畢，略進餐，即往華西壩診
牙。今日院內擬專為允默治牙，由凌賽醫師先行檢視，由
宋儒耀醫師用手術。先去右下顎之金橋及附牙一顆，繼又
去左下顎之牙二顆，先後歷一小時卅分鐘始畢。當其去金
橋及金殼時，以附著異常堅牢，醫師事前未詳加檢視，而
用具又不合式，用力鉗拔，終不能動。其金屬之鉗上擊上
側各齒者凡十四、五回，而金牙仍未能動。嗣又用鑽、用
鑿、用柄敲擊，久之始勉強取去。又續去左下齒（用麻藥
凡三次），余旁坐視之，見允默蹙額呼痛，甚咎醫師之草
率不慎。天下事耳聞不如親歷，華西牙科名聞遐邇，其設
備與人才乃如此，殊令人失望也。歸寓已在十一時以後，
即囑允默休息勿動。時有空襲警報消息，繼知敵機到梁山
後仍向東飛，未發警報云。岳軍於百忙中電話相告，其意
可感。十二時卅分午餐，餐畢曝日庭中。今日有意革除午
睡，冀夜間得酣寢也。四時錢賓四君來談，謹沖之度，令
人心折。談民族文化，多有見到之語。謂康長素、章太炎
輩畢竟為近效所障蔽，未能如中山先生遠矚未來，洞見本
原，為有功文教也。錢君去後，馬劉夫人來答訪，談寧夏
情形，約卅分鐘去。燈下看英文傳記若干頁，寫賀年片十

餘箋。十時卅分就寢。

12月31日　星期四　陰、下午晴　四十度

　　八時卅五分起。昨晚睡眠不佳，中宵凡醒四次。以決心減除安眠劑，亦姑聽之，然併計入睡時間，當亦在七小時以上也。寄各友賀年柬後，於九時卅分到華西壩。由宋醫師為允默覆診昨所拔去齒牙之處，決定今日不再施手術，並約星期六日再往。余與宋醫及另一周姓醫生討論右上顎餘存中間之兩齒及左上顎盡頭處之一齒，保留與否之利病。余堅主以保留為宜，醫生未下斷語，但謂為免除後患，宜拔去之，俟改日再晤商。余甚怪以久享盛名之華西醫科何以不能從洽療上著想，而只知拔除之之是務，何以別於彼輩所稱之「牙匠」耶。十時後歸寓，覆積祚一函。閱報休息。午餐時試食乾飯，蒸煮稍爛，亦尚無礙消化。自幸胃納較前進步矣。一時小睡，至二時卅分起。中央軍校辦公廳主任皮襄平及孫元良、顧壽平、王祿望（軍官教育隊隊長）、陳素農（教務處處長）諸君來訪，均未晤。接希聖、芷町、祖望各一函。四時卅分與允默出外散步，由通惠街出西域，循公路西行約一里餘。近郊風物之美，絕似嘉湖一帶，而背景之雄壯過之。娛目騁懷，洵足樂也。回寓已六時許，購烤山薯食之，甘美勝常品。夜與岳軍通電話賀新年，閱狄斯雷里傳四十餘頁。十時卅分寢。光陰容易，又度一年矣。

民國日記 12

陳布雷從政日記 (1942)
The Official Diaries of Chen Pu-lei, 1942

原　　著　陳布雷
總 編 輯　陳新林、呂芳上
執行編輯　林弘毅
封面設計　陳新林
排　　版　溫心忻

出 版 者　　🛡️ 開源書局出版有限公司
　　　　　　香港金鐘夏愨道 18 號海富中心
　　　　　　1 座 26 樓 06 室
　　　　　　TEL：+852-35860995

　　　　　　✳️ 民國歷史文化學社
　　　　　　10646 台北市大安區羅斯福路三段
　　　　　　　　　37 號 7 樓之 1
　　　　　　TEL：+886-2-2369-6912
　　　　　　FAX：+886-2-2369-6990

銷 售 處　源流成文化 股份有限公司
　　　　　　10646 台北市大安區羅斯福路三段
　　　　　　　　　37 號 7 樓之 1
　　　　　　TEL：+886-2-2369-6912
　　　　　　FAX：+886-2-2369-6990

初版一刷　2019 年 9 月 25 日
定　　價　新台幣 330 元
　　　　　港　幣　85 元
　　　　　美　元　12 元
I S B N　978-988-8637-19-5
印　　刷　長達印刷有限公司
　　　　　台北市西園路二段 50 巷 4 弄 21 號
　　　　　TEL：+886-2-2304-0488